ABENTEUER HUND

Ursula Birr • Gerald Krakauer • Daniela Osiander

A BENTEUER HUND

REISEN ZU DEN WURZELN EINER PARTNERSCHAFT

vgs

In Gedenken an Klaus Pferner,
Wegbereiter von „Abenteuer Hund"

Die Deutsche Bibliothek – CIP-Einheitaufnahme

Abenteuer Hund : Reisen zu den Wurzeln einer Partnerschaft / Ursula Birr ;
Gerald Krakauer ; Daniela Osiander. - Köln : vgs, 2000
ISBN 3-8025-1426-2

© Gedruckt mit freundlicher Unterstützung von PEDIGREE®

Lizenz durch Merchandising München

© vgs verlagsgesellschaft, Köln 2000

© Titelfoto: TOP-TV GmbH, München
Redaktion: Martina Weihe-Reckewitz
Lektorat: Marcus Reckewitz, Bonn
Umschlaggestaltung: Alex Ziegler, Köln
Innenlayout: Heike Unger, Köln
Produktion: Annette Hillig
Reproduktionen: repro acht, Köln
Printed in Spain
ISBN 3-8025-1426-2

INHALT

Fast vier Jahre lang haben wir an einer Fernsehserie gearbeitet, die diesem Buch zugrunde liegt. Viel älter aber ist die Idee dazu, die auf dem Weltkongreß der Delta-Society 1986 in Boston geboren wurde: Hier debattierten Wissenschaftler aus aller Welt über das Verhältnis von Mensch und Tier. Wir haben viel gehört und gelernt, aber besonders ein Gedanke faszinierte uns: Daß es doch ungeheuer spannend sein müßte, dem Ursprung der ältesten Tier-Mensch-Beziehung nachzuspüren. Um dieses Vorhaben zumindest ansatzweise verwirklichen zu können, mußten ferne Länder bereist und fremde Kulturen besucht werden. Es wurde ein Vorstoß zu Menschen, die noch heute in einem existentiellen Abhängigkeitsverhältnis mit Hunden zusammenleben und deren Tradition, Lebensweise und Kultur von den Einflüssen unserer industriellen Zivilisation weitgehend unberührt geblieben sind. Die Begegnungen und Erfahrungen auf unseren Reisen haben wir in diesem Buch zusammengetragen. Nicht ganz unerwartet ist daraus über ein Kapitel Hundegeschichte hinaus auch ein Blick in die Entwicklung menschlichen Soziallebens geworden, das bei Jägern, Sammlern und Hirten auf vielfältige Weise durch die Gemeinschaft mit Hunden geprägt ist. Wegen der jüngsten, zum Teil recht dramatischen Veränderungen in den Lebensräumen dieser Menschen ist zu befürchten, daß vieles von dem, was wir auf unseren Reisen sehen, erleben und dokumentieren konnten, schon bald nicht mehr existieren wird. Das „Abenteuer Hund" ist damit ganz unbeabsichtigt auch eine Reise in die Vergangenheit der Menschheit geworden.

München, im August 1996

Dr. Gerald Krakauer

Kaum ein anderes Tier hat den Menschen in seiner gesellschaftlichen Entwicklung so nachhaltig beeinflußt wie der Hund. In der mehr als 14 000 Jahre währenden Partnerschaft war er Begleiter, Beschützer und Helfer. „Er ist die Zuflucht der Müden, Vorbild der Treue, Spiegelbild der Wachsamkeit, Zierde des Verstandes und Gedächtnisses, Losung und Wahrzeichen der Weisen", schrieb der Historiker Christian Franz Pollini bereits vor rund 300 Jahren dem Hund ins Stammbuch. Daran hat sich bis heute nichts geändert.

Das Fernsehteam von PRO SIEBEN: Kameramann Walter Franke, Produzent Gerald Krakauer und Autorin Daniela Osiander mit einem Flußtaxi auf dem Weg ins Innere Borneos.

Die Menschen lieben ihre Hunde und werden von ihnen geliebt. Als Familienhunde sind sie Spielgefährten von Kindern und haben großen erzieherischen Wert. In der Obhut älterer Menschen stellen sie vielfach die letzte große Lebensaufgabe dar. Einsamen geben sie das Gefühl, nicht allein zu sein, und in einer zunehmend verstädterten Welt sind sie oft ein letztes Verbindungsglied zur Natur. Hunde rangieren zahlenmäßig zwar nicht an erster Stelle unter den Haustieren, sie sind aber unbestritten die wichtigsten. Neuere wissenschaftliche Untersuchungen bescheinigen ihnen sogar einen therapeutischen Nutzen: Streichelt man einen Hund, so verlangsamt sich der Puls, der Blutdruck sinkt; wer mit einem Hund zusammenlebt, wird nach einer Krankheit schneller gesund; der tägliche Auslauf, den die Tiere einfordern, hält die Menschen fit und fördert die Kontakte zur Außenwelt.

Doch wo liegen die Wurzeln dieser modernen Partnerschaft? Wie mag es wohl ausgesehen haben, das erste Zusammenleben von steinzeitlichen Menschen mit wolfsähnlichen Raubtieren? Zahlreiche Wissenschaftler wie der österreichische Verhaltensforscher und Nobelpreisträger Konrad Lorenz haben sich bemüht, Licht in die dunkle Geschichte des Urhundes zu bringen. In seinem bereits 1949 erschienenen Buch „So kam der Mensch auf den Hund" skizziert er das frühe Zusammenleben so:

„Durch das hohe Steppengras schleicht eine Handvoll Männer. Einfache Fellstücke bedecken ihre Blößen. Die Männer tragen Speere, aber auch Klingen und Schaber aus Knochen. Zwei schleppen die Reste eines Wildschweines, die Beute eines Säbelzahntigers, den sie während eines Mahls aufgestöbert und mit wildem Geschrei in die Flucht gejagt haben. Das Ziel der Horde ist eine Höhle am Rand der Steppe, wo Frauen und Kinder schon hungrig auf sie warten. Während das Fleisch am Lagerfeuer brät, dringen aus dem Gras Laute zu der Höhle herüber. Es sind Schakale, die der Gruppe den ganzen Tag über gefolgt waren. Einer der Männer greift sich ein Stück vom Braten und wirft es in die Richtung, aus der die Laute kommen. Vielleicht will er die Schakale näher ans Feuer locken, weil sie schon von weitem jedes herannahende Raubtier melden."

Ob es sich so ähnlich oder ganz anders zugetragen hat, darüber darf spekuliert werden. Was man heute allerdings weiß, ist, daß der Haushund nicht vom Schakal, sondern vom Wolf abstammt und daß es wohl Welpen waren, die anfangs in die Menschengemeinschaft aufgenommen wurden. Diese fielen den Familien beim Sammeln von Beeren, Früchten, Insekten und Fröschen in die Hände und wurden, wenn man sie nicht verzehrte, aufgezogen. Sehr schnell erkannten die steinzeitlichen Menschen den Nutzen der Vierbeiner. Anpassungsfähig wie sie waren, wurden sie zu Wächtern, Hausgenossen, Spielgefährten der Kinder, zu Abfallverwertern, Zugtieren und später auch zu Gehilfen bei der Jagd. Mit dem Hund im

Bunde war mit einem Mal selbst die feindlichste Natur beherrschbar geworden. Jäger auf Grönland oder Hirten in Afrika nutzen diesen Vorteil noch heute genauso wie ihre und unsere Ahnen.

Vom Nutzen zum Ausnutzen wäre es nur ein kleiner Schritt. Doch keines der traditionell Hunde haltenden Völker, die wir auf unseren Reisen kennengelernt haben, hat ihn vollzogen. So als wäre die biblische Weisheit König Salomons rund um die Welt zum Gesetz geworden: „Der Gerechte weiß, was sein Vieh braucht, doch das Herz der Frevler ist hart."

Von den vielen Gerechten und ihrem Vieh berichten die folgenden sieben Kapitel. Und ihren Hunden wollen wir ein Denkmal setzen: Ohne sie hätte der Mensch die Steinzeit möglicherweise nie verlassen.

BURKINA FASO

WINDHUNDE IM
WÜSTENSAND

Bild Seite 12/13
Die Tuareg - berühmt-berüchtigte Ritter der Wüste. Seit Jahrhunderten ziehen ihre Karawanen durch die Sahara. Ständige Begleiter: ihre edlen Windhunde – als Jäger und Beschützer, als geliebte Gefährten und geachtetes Statussymbol.

Ayad ak Inschanan vom Stamm der Peul mit seinen Lieblingen, dem weißen Rüden Boum und der gestromten Hündin Taikoussou.

Mit wippendem Gang schlendert die junge Hündin in der Mittagshitze an Hütten und Dornenhecken vorbei, obwohl ihr geschwollener Leib schwer auf den langen Beinen wiegt. Alle können Taikoussou sehen, wie sie sich mitten auf dem Dorfplatz in den gelbroten Staub legt. Doch das Tier ist sich hier, unter den Blicken der ganzen Siedlung, des Schutzes ihrer Gemeinschaft völlig sicher.

Taikoussou will gebären, zum ersten Mal in ihrem Leben. Und sie tut es wenig später mit der Selbstverständlichkeit und Ruhe, die schon seit mindestens 500 Generationen alle Mütter dieser Rasse auszeichnet. „Taikou, loussou!" Sie hört die liebkosenden Worte ihres Herrn, der sich neben sie in den Sand gehockt hat. Ayad ak Inschanans Stimme hat den gleichen sanften Klang wie bei der Geburt jedes seiner nunmehr elf Kinder, denen seine beiden Frauen hinter einem Vorhang ihrer Hütte das Leben schenkten.

Ayad und seine Familie sind die einzigen, die das Tier bei seinem Eigennamen rufen und deshalb ein ganz besonderes Band zu ihm besitzen. Die anderen Dorfbewohner nennen sie Takhchit, was in der Sprache der Tuareg soviel wie „die Gestromte" bedeutet. Im Umgang mit den Windhunden benutzen oft auch die vielen anderen Völker des Sahel die Sprache der ursprünglichen Herren dieser Hunderasse. Auch wenn diese Hunde bei ihnen, wie bei Ayad vom Stamm der Fulbe-Peul, vor allem wegen ihrer Schönheit und als Bewacher der Herden gehalten werden - gezüchtet wurden sie ursprünglich als Jagdbegleiter der Reiternomaden des Nordens: der Tuareg.

Azawakh nennen westliche Hundefreunde die Rasse: Den Namen gab das Wadi Asuak, ein Stromtal im mittleren Nigerbekken. Drei westafrikanische Staaten teilen sich das heutige Verbreitungsgebiet dieser Hunde: Mali, Niger und Burkina Faso, das ehe-

malige Obervolta. Hier, in der Nähe einer Grenzgarnison zu Mali, haben wir Ayad, seine Familie und Taikoussou kennengelernt.

Die Hündin stöhnt aus tiefer Kehle. Es klingt wie das rauhe Grollen einer großen Kröte im Schilf des Beli, des Grenzflusses zu Mali. Und dann stülpt sich zwischen den Hinterbeinen des Tieres eine glänzende Rundung heraus – Taikoussous erster Welpe. Sie leckt ihn ab, öffnet die Fruchthülle, frißt sie auf und stupst das Kleine, das nicht einmal so groß ist wie der schmale Kopf seiner

Mutter, bauchwärts zum Gesäuge. Noch fünfmal wiederholt sich dieser Vorgang, dann sind zwei Stunden vergangen, und Taikoussou hat sechs Iadan zur Welt gebracht.

Taikoussou ist zum ersten Mal Mutter geworden: Sechs gesunde Welpen hat sie ohne jede Hilfe ihres Herrn auf die Welt gebracht.

Idi oder Eidi (Plur.: Iadan) heißt diese Rasse im Sprachgebrauch des südlichen Sahel. Nördliche Tuaregstämme in Algerien nennen die Hunde Oska, womit zwar allgemein der jagende Windhund, meist aber der früher von Europäern häufig mit dem Azawakh verwechselte Sloughi gemeint ist. Am besten kennzeichnet der Name aus der Tuaregsprache diesen Hund: Idi n'illeli, der „Windhund der freien Nomaden".

Als Jagdgefährten der unabhängigen Reiterstämme der Wüste und Wächter ihrer nomadisierenden Herden ist diese Rasse einst entstanden. Jahrtausendelang hat sie diese Aufgabe perfekt erfüllt – in immer enger werdenden Grenzen und unter sich ständig zum Schlechten wendenden Bedingungen für Mensch und Tier tut sie dies auch heute noch. Wo einst Dorkasgazelle, Mendesantilope, Dünengazelle und Mähnenschaf den Jägern wertvolle Beute waren, müssen diese sich heute mit Kaninchen, Agamen, Skinken und Eidechsen begnügen. Von der Jagd blieb nur das Ritual – für Menschen wie für Hunde.

Noch hat das hier, knapp 450 Kilometer von Ouagadougou, der Hauptstadt von Burkina Faso, entfernt, wenig am Zusammenleben und nichts an der gegenseitigen Wertschätzung von Mensch und Tier geändert. Ayad, der seßhafte Viehzüchter und Oasenbauer, führt es uns vor. Nicht ein einziges Mal muß er helfend eingreifen: Wie ein Wächter hockt er während der Geburt regungslos neben seiner Hündin. Erst danach zeigt er seine Neugier und untersucht den Nachwuchs genau. Mit deutlichen Zeichen von Freude und Ergebenheit läßt Taikoussou ihn gewähren – Mensch und Hund vertrauen einander völlig. Daß die Welpen kräftig und gesund sind, hat Ayad sofort gesehen. Jetzt interessieren ihn vor allem Farbe und

BURKINA FASO

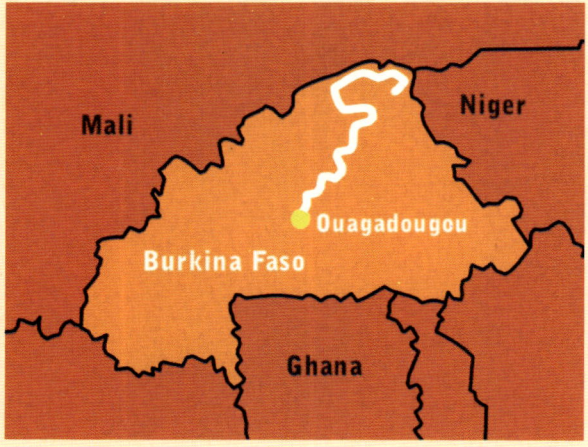

Der nördliche Landesteil des westafrikanischen Binnenstaates Burkina Faso gehört zur Sahelzone. Das arabische Wort Sahel (Ufer) bezeichnet den etwa 200 bis 300 Kilometer breiten Gürtel südlich der Sahara, der sich vom Atlantischen Ozean bis zum Horn von Afrika quer durch den Kontinent erstreckt. Seine Nord- und Südgrenzen sind fließend. Über Jahrhunderte war der Sahel das wirtschaftliche und kulturelle Bindeglied und die Kontaktzone zwischen den arabo-berberischen Menschen des Nordens und der negriden, schwarzafrikanischen Bevölkerung im Süden, Endstation vieler Karawanenwege aus beiden Richtungen, Treffpunkt der islamisch-arabischen und der schwarzafrikanisch-animistischen Religionen. Die einst reiche und mächtige Region ist heute von Armut und fortschreitender Zerstörung geprägt. Ursache dafür sind einerseits immer wieder vorkommende Naturkatastrophen wie Dürrezeiten und die damit einhergehende Wasser- und Nahrungsmittelknappheit, eine hohe Kindersterblichkeit und Seuchen, andererseits die im Gefolge der Dürre noch verstärkte Vernichtung der natürlichen Ressourcen durch die Menschen in Form von Abholzung, Überweidung und Ackerbau.

Verschärft werden diese ohnehin schon entsetzliches menschliches Leid schaffenden Lebensumstände noch durch die politische Entwicklung im Großraum Nordafrika, die besonders die kleineren Außenseitervölker und -stämme wie die Tuareg zu Opfern macht. Materiell zählen die Sahel-Staaten heute zu den ärmsten Ländern der Welt, die Ärmsten unter ihrer Bevölkerung sind oft die einst freien Herren der Wüste, die Tuareg. Zu den Opfern am Rande dieser Katastrophe gehören aber auch ihre Hunde – die Azawakhs.

Geschlecht der Neugeborenen. Ayad lächelt. Züchterstolz? Vaterfreude? Schwer zu entscheiden.

Stolz ist auf jeden Fall dabei, denn eine Meute guter Hunde, vorzugsweise Rüden, adelt den Mann, bei den Fulbe genauso wie bei den Tuareg, den Seßhaften ebenso wie den Nomaden. Obwohl beide Völker dem Islam angehören, der Tiere nach deren Reinheit unterscheidet, scheinen hier in der lebensfeindlichen Halbwüste, in den Dornbusch- und Trockensavannen, die im Norden strenger ausgelegten Regeln Mohammeds einer auf Zweckmäßigkeit ausgerichteten Lebensführung angepaßt worden zu sein. Unrein wie Schweine mögen die Moslems die streunenden Tiere und die Hofhunde in den Städten und Dörfern sehen: Hier draußen sind die Windhunde, die Iadan, würdige Gefährten der Edlen.

Die Natur in der Sahara, dem „bahr bela ma", dem „Meer ohne Wasser", und im Sahel, dem „Ufer" dieses Meeres, hat diese Anpassung der religiösen und gesellschaftlichen Normen bewirkt: Kamele, Pferde und eben diese Hunde sind zu geachteten Helfern geworden. Besonders deutlich offenbart sich dies in den Überzeugungen und Sitten der Tuareg. Sie sind überzeugt, daß Tiere, vor allem die, mit denen sie Umgang pflegen, in ihrem Wesen ihnen selber ähneln. Sie können Freunde haben und Freude, soziale Beziehungen entwickeln oder den Drang zu Einzelgängertum. Und sie werden stets als Individuen empfunden. Wenn hier ein Ziegenleben unter dem Schlachtermesser endet, so ist dem Tier bis dahin aus Gleichgültigkeit geborene Grausamkeit erspart geblieben.

Kennzeichnend für diese Grundhaltung ist die Begründung eines nomadisierenden Viehzüchters uns gegenüber, warum er mit seiner Herde weiterzieht, obwohl deren Weideplatz noch nicht abgegrast ist. Dem Fremden erläutert der Targi (Sing. von Tuareg) dies so: „Du wirst dich auch nicht über eine Schüssel freuen, aus der schon ein anderer gegessen hat. Mit den Ziegen ist das genauso. Sie verachten einen Strauch, an dem schon eine andere Ziege geknabbert hat. Würden wir jetzt noch bleiben, dann fräßen die Tiere ohne Lust und Appetit."

Die Hunde dürfen sich in den Siedlungen frei bewegen. Sie bewachen Lagerplatz und Vieh. Niemand käme hier auf die Idee, die edlen Tiere anzubinden: Die Seele eines Windhundes will laufen, sagen die Menschen.

Hirtenphilosophie, sicher, doch dahinter steht eine Kultur, die hier im Inneren Nordwestafrikas wahrscheinlich schon vor 8000 Jahren begann. Felsmalereien bestätigen dies, und sie dokumentieren bis in die ersten nachchristlichen Jahrhunderte den Aufstieg und Fall großer Königreiche, die Wanderungen vieler Stämme und Völker, aber auch den Stellenwert der Tiere in diesen Staaten und Vasallenreichen. Pferde und Kamele machten ihre Entstehung erst möglich – zu ihrem Schutz aber gehörten auch Hunde dazu.

Bereits 1607 berichtet der arabisch-andalusische Geograph El Bekri vom Leben am Hof des Königreichs Ghana (Wagadu, „Land der Herden", 8.–13. Jh.), etwa auf dem Gebiet des heutigen Mauretanien und Mali gelegen. Mit Goldschmuck behangene Pferde umstanden bei prunkvollen Empfängen den König, der unter einem Zeltdach thronte. Den Eingang dazu bewachten Hunde, die dem Fürsten niemals von der Seite wichen. Zum Zeichen ihres hohen Ranges waren sie mit Halsbändern aus Gold und Glöckchen aus Silber geschmückt.

Die Reiche zerfielen, neue wurden von Eroberern aus dem Norden und Osten gegründet. Stadtstaaten entstanden, arabisch-islamische und negro-animistische Kulturen mischten sich. Immer wieder bildeten Invasoren neue staatliche Organisationen, unterwarfen Vasallen und hoben mächtige Kriegsheere aus. Oft verbanden nur die langen Handelswege durch Sahara und Sahel die verfeindeten Mächtigen, die dennoch Salz, Gold, Kupfer, Sklaven und Elfenbein untereinander tauschten.

Der Hund ist ein wichtiger Bestandteil der jahrtausendealten Tuaregkultur. Gezüchtet wurde er in erster Linie für die Jagd und als schützender Begleiter der Karawanen.

Wie alle Windhunde nehmen die Azawakhs die Jagd erst auf, wenn die Jäger das Wild aufgescheucht haben. Doch wo einst Gazellen und Antilopen reiche Beute versprachen, müssen Mensch und Hund heute meist mit Kaninchen vorliebnehmen.

Eine große Kultur mit vielen Facetten und vielen unterschiedlichen Lebensweisen, die sich von Jahrhundert zu Jahrhundert immer wieder wandelten, entstand. Und abgesehen von arabischem Erfindungsgeist und afrikanischer Kunst- und Handwerksfertigkeit waren es vor allem drei Tierarten, die das Antlitz der heutigen Sahara- und Transsahara-Staaten so nachhaltig prägten: Pferd, Kamel und Hund.

Die ersten beiden bahnten die Wege, aber erst der Hund machte sie sicher und half bei der Beschaffung von Nahrung auf den langen Reisen. Im Norden und Osten ist das wohl der Ahne der heutigen Sloughis gewesen, weiter im Süden war es der Idi n'illeli, der Azawakh, der im Lauf seiner isolierten Entwicklung zur eigenen Rasse wurde und bis vor wenigen Jahrzehnten in der industrialisierten Welt noch unbekannt war.

Daß er seine heutigen Wesenszüge und Statur erhielt, ist dem Volk zu verdanken, mit dem er am längsten und am engsten zusammenlebte – den Tuareg. Sie machten ihn leichtfüßig genug, um Gazellen und Hasen zu jagen, und mutig genug, um Hyänen und Schakale zu vertreiben. Sie gaben ihm die Ausdauer eines Kamels und die Schönheit edler Araberpferde. Viel Aufwand wurde dabei nicht getrieben: Die Rasse ist das Ergebnis einer strengen, nach westlichen Begriffen sogar grausamen Auswahl. Doch die stets von rauher Natur und Feinden bedrohte Existenz der Tuareg ließ keine andere Wahl. Aus einem Wurf neugeborener Azawakhs überlebte nur das kräftigste und schönste Männchen, um zum Jagdhund erzogen zu werden. Gelegentlich wurde ein Weibchen zur weiteren Vermehrung behalten. Schwarze Welpen wurden fast immer getötet, weil in ihnen der „böse Geist" vermutet wurde. Auch die überzähligen Welpen mußten sterben. Ein zum Leben bestimmtes Tier hatte seine Qualifikation dafür nachzuweisen.

Survival of the fittest, Überleben des Tüchtigsten, heißt die Formel der freien Natur. Bei den Tuareg hieß das: Wer nur ein Zeichen der Schwäche zeigte oder sich in die strikten Regeln des Zusammenlebens mit Mensch und Herde nicht fügte, wurde getötet. Das Ergebnis dieser rigiden Selektion: Hunde von wahrhaft rarer Körper- und Charakterkraft, ausgestattet mit einem beeindruckenden genetischen Erbe.

Kein wandernder Tuaregstamm hätte, wie Ayad dies tut, einen Iadan-Wurf mit sechs Welpen aufgezogen. Zu be-

DIE TUAREG

Die Tuareg waren einst einer der unabhängigsten und freiesten Stämme der Sahara und des Sahel. Etwa 500 000 Menschen ihres Volkes leben heute noch in der Zentralsahara, in Niger, Mali, Burkina Faso, Algerien und Libyen. Sie sind nomadisierende Jäger, vor allem aber Viehhalter (Ziegen, Schafe, und – als Besitz der Adelskaste vorbehalten – Kamele).

Die Gesellschaftsordnung ihrer islamisch geprägten Gemeinschaft entspricht einer Pyramide. Ganz oben stehen die adeligen Krieger, die Noblen, die Freien, Imascheren genannt. Darunter rangiert die Kaste der Ineslemen, der Schriftgelehrten, Lehrer und Priester. Ihnen folgen die Vasallen (Imrad), Ziegenhalter und Hirten, die alle dem Adel tributpflichtig sind. Bei größeren Stämmen gehören außerdem noch die Iklan dazu, unfreie Sklaven, meist Nachkommen von Schwarzafrikanern.

Dieses in vielen verschiedenen Stammesformationen das Großgebiet Nordwestafrikas durchwandernde Volk ist in der Folge der Dekolorialisierung Afrikas und neuerdings auch als Ergebnis religiös-fundamentalistischer und politisch-nationalistischer Strömungen zwischen alle Fronten der in diesem Gebiet herrschenden Regierungen geraten. In Algerien werden die Tuareg verfolgt und geächtet, weil sie einst im Unabhängigkeitskrieg des Landes auf seiten der Franzosen standen. Ein eigener Staat, der ihnen dafür versprochen wurde, kam nie zustande. In Mali führte die Armee bis vor kurzem einen erbitterten Krieg gegen die unbotmäßigen Hirtenkrieger, Niger und Libyen schränken ihre Möglichkeiten für die Wanderweide ein, und Burkina Faso bietet wegen seiner Lage im Sahel auf Dauer auch nur die Alternative der Seßhaftigkeit, gestattet aber wenigstens die Tuareg-Kultur, die Algerien und Mali erbittert bekämpfen. Doch letztlich wird auch die erzwungene Seßhaftigkeit zur Zerstörung dieser Kultur führen.

Weiße Reitkamele, blaue Gesichtsschleier der Männer, lange Schwerter und Rundschilde trugen diesem bekanntesten der saharischen Völker schon bei den frühesten europäischen Reisenden den Ruf als „blaue Ritter der Wüste" ein. Bekannt war dieses kriegerische Volk bereits den Römern, die sie Garamanten nannten. Der heutige Name Tuareg leitet sich von dem arabischen Wort Targa ab, dem Namen der libyschen Oasenregion des Fezzan, in dem einst auch die Garamanten-Hauptstadt Garama lag.

schwerlich wäre der Transport, zu kostspielig die Futterbeschaffung, zu sinnlos für ihre Zwecke die hohe Zahl der Hunde gewesen. Hier aber, im Dorf der seßhaften Fulbe, ist die Situation anders. Mit Hirsebrei, Ziegengedärm und der gelegentlich von den Hunden selbst erbeuteten Eidechsen lassen sich Taikoussou und ihre Kinder ernähren.

Transportprobleme existieren nicht, und Verwendung für die Hunde gibt es auch – als Schutzhunde bei den Herden und in den Dörfern oder als wertvolles und hochwillkommenes Geschenk für einen Gast, den man in ferner Zukunft einmal brauchen könnte und schon in der Gegenwart günstig stimmen will. Hinzu kommt noch eine weitere Versuchung: Besucher aus einer sehr fernen Welt – weniger die Tuareg, mehr die Dorfbewohner, selbst in entlegenen Weilern im Heimatgebiet der Azawakh, haben gelernt, daß ihre Hunde den Fremden viel Geld wert sind, manchmal so viel, daß ein ganzes Dorf davon längere Zeit leben kann. Doch solcher Handel ist – noch – nicht die Regel, sondern eine Ausnahme.

Früher war es für Fremde fast unmöglich, einen Azawakh zu erwerben. Wer einen nomadisierenden Tuareg darum bat, seinen Windhund kaufen zu dürfen, hätte auch fragen können, für wieviel dessen ältester Sohn wohl zu haben sei. Deshalb waren die ersten Hunde, die etwa zu Beginn der siebziger Jahre in Europa auftauchten, fast allesamt Geschenke, eine ehrende Gabe an einen neu gefundenen und geachteten Freund.

Der Übergang von ehemals nomadisierenden Hirten oder Jägern zu den Lebensgewohnheiten seßhafter Viehzüchter geht für die Azawakhs mit dem Risiko einher, ihr typisches Aussehen und für ihre Rasse typische Wesenszüge einzubüßen. Noch ist das nur ein Risiko, nicht die Wahrscheinlichkeit.

Bis heute leben die Hunde eng mit den Familien der Tuareg zusammen. Die harten Bedingungen des Lebens in der Wüste zwangen die Nomaden zu einer strengen Auslese: Nur die kräftigsten und schönsten Tiere durften überleben.

Daß der Wechsel der Lebensgewohnheiten nicht unbedingt Auswirkungen auf das Verhältnis zu den Windhunden hat, erleben wir bei Manafi. Der Tuareg-Adlige lebt schon seit seiner Geburt südlich der Grenze zu Mali im sicheren Burkina Faso. Hier wurde er mit seiner Frau und sieben Kindern inzwischen seßhaft, um seine Familie vor den Tuareg-Pogromen zu schützen und nicht in die bürgerkriegsähnlichen Auseinandersetzungen in Mali und Niger hineingezogen zu werden. Auch er besitzt Azawakhs: Soweit er sich erinnern kann, haben Windhunde immer zu seiner Familie gehört. Auch die anderen Tuareg in der kleinen Siedlung, Adlige und ihre im republikanischen Burkina per Gesetz freigelassenen Sklaven, besitzen Iadan.

Das Erstaunliche: Fast alle Tiere, die wir sehen, sind kraftvolle Hunde, in der Färbung zwar äußerst variabel, aber allen in Europa auf der Generalversammlung der Internationalen Rassehund-Föderation (FCI, Fédération Cynologique Internationale) 1980 in Verona beschlossenen Standard-Merkmalen entsprechend. Daß diese edlen Hunde auch hier im Dorf als solche gelten und es tatsächlich sind, ist augenfällig: Mit selbstverständlicher Sicherheit bewegen sich die schönen Tiere in der Siedlung und in den Hütten. Liebevoll werden sie versorgt und gefüttert. Auch das unterscheidet sie von Allahs niedersten Geschöpfen: Verachtet wie die unreinen Schweine leben nur jene Hunde, die Abfälle fressen – die Pariameuten in den Ortschaften und Städten.

Und dennoch liegt ein Hauch von Melancholie über der ländlichen Szenerie. Aus den „blauen Rittern der Wüste", eine romantisch verklärte Bezeichnung für die Tuareg, deren indigoblaue Gesichtstücher die Haut einfärben, sind zunehmend seßhafte Bauern und Viehzüchter geworden. Ihr einst zeitloses Gesellschaftssystem ist beim Zusammenprall mit dem 20. Jahrhundert zerborsten. An den Folgen aber leiden nicht nur die Menschen, auch deren Hunde sind davon betroffen. Die Jagd, für die sie zumindest von den Tuareg-Adligen vorrangig gezüchtet wurden, ist zum seltenen und zudem illegalen Zeitvertreib geworden. Bemerkenswert, daß die Iadan diesen grundlegenden Wechsel der Lebensweise ohne gravierende Verhaltensänderungen überstanden haben und ihn willig mitmachten. Eines ist ihnen freilich geblieben: die Bewegungsfreiheit in den Weiten der Savanne.

Neben der gelegentlichen Jagd haben sie sich auf ihre zweite traditionelle Aufgabe beschränkt: als Schutzhunde der Herden und des Besitzes ihrer Herren. Das knüpft an alte Tuareg-Traditionen an, ist aber in der Gewichtung der Bedeutung dennoch neu. An das Vieh, vornehmlich Ziegen, werden die Windhunde schon als Welpen gewöhnt. Zwischen die Lämmer der Herde gesetzt, beginnen sie schon nach kurzer Zeit, die Kapriolen schlagenden, springenden, meckernden Tierchen als ihresgleichen zu betrachten – als Windhunde, wenn auch etwas seltsame. Zugute kommt ihnen bei ihrer Aufgabe zu hüten vieles aus ihrer langen

Für den Nachwuchs von Taikoussou hat Ayad beim „Schmied" neue Hundenäpfe in Auftrag gegeben. Die Näpfe werden zum Schluß mit kunstvollen Brandzeichen versehen, nicht nur als Zierde, sondern auch als schützender Zauber für die Hunde vor dem „bösen Blick" neidischer Nachbarn.

Als Azawakh ist der Windhund der Tuareg erst seit 1981 auch bei uns als eigenständige Rasse anerkannt. Den Namen gab ein Tal im mittleren Nigerbecken. In seiner ursprünglichen Heimat nennt man ihn Idi n'illeli – „Windhund der freien Nomaden".

Geschichte als Jagdhunde. Bei den Tuareg lernten sie auch, den Besitz des Herrn zu verteidigen, seien es Dinge oder Lebewesen. Auf der Jagd selbst mußten sie niemals töten, nur das Wild stellen: Der Mensch gab ihm dann den Fangstoß. Und schließlich begünstigt auch die Einsamkeit des Lebens in der Wüste die Ausbildung der damals wie heute erwünschten Charaktereigenschaften der Iadan: Treue und Schutzinstinkt.

Die sind bei dieser Rasse hoch entwickelt. Schon im Welpenalter formt der junge Azawakh das Band zu seinem Herrn und zu dessen Familie. Kinder gehören dazu, aber auch andere Hunde und Haustiere. Wer diese bedroht, muß mit einem Angriff des Idi rechnen. Mißtrauen gegen Fremde, entstanden in einer feindlichen Umwelt, gehört deshalb zu den hervorstechendsten Charakterzügen dieser Rasse. Zu Aggressionen führt dieses Mißtrauen jedoch nicht zwangsläufig: Wen ihr Herr als Gast akzeptiert, der wird auch von dessen Hunden nicht bedroht. Wenn aber der Herr streitlustig ist – so ein Tuareg-Sprichwort –, wird auch der Hund keinen Frieden geben. Wir erleben beides auf unserer Reise immer wieder.

Beeindruckend ist dabei auch die sich stets aufdrängende Erkenntnis, daß die Geschichte des Menschen mit der seiner Hunde hier so augenfällig verknüpft ist. Nur diese nordafrikanische Kultur konnte solche Tiere hervorbringen. Woher sie ursprünglich kamen, liegt allerdings unter den dichten Schleiern vergangener Jahrtausende. Hundeforscher streiten, ob die Urahnen des Azawakhs asiatische Hirtenhunde waren, die sich mit afrikanischen Pariahunden und südlichen Wölfen kreuzten, oder ob ägyptische Windhunde, sogenannte Tesemhunde, gepaart mit Hunden aus Kleinasien, die von Griechen importiert wurden, als Stammeseltern zu gelten haben.

Auf 4000 bis 5000 Jahre gemeinsamer Geschichte datieren sie das Zusammenleben dieser Hunde mit den Menschen. Vor etwa 2000 Jahren könnten sich die heutigen Iadan von den ihnen verwandten nördlichen Sloughis abgesondert haben, weil die Lebensweise ihrer

Manafi, ein Tuareg-Adliger, ist mit seinem Kamel fünf Tage geritten, um besonders guten Nachwuchs zu finden. Für die beiden Welpen mußte er nichts bezahlen, weil deren Besitzer es als große Ehre betrachtete, daß Manafi wegen seiner Hunde eine so weite Reise unternahm.

Besitzer dies erforderte. Auf diesem Sonderweg der Zivilisation, der in die einsame Wüste führte, entwickelte sich dann eine Kultur, deren letzte Höhepunkte wir in Burkina Faso noch erleben dürfen. Wie sie sich 100 Jahre früher dargeboten hat, entnehmen wir der Schilderung des großen Tierforschers Alfred Brehm. In seinem „Thierleben" hat er sie kurz vor der Jahrhundertwende so beschrieben:

„Unter den Araberstämmen am Rande der Sahara geht das Sprichwort: Ein guter Falk, ein schneller Hund, ein edles Pferd sind mehr als zwanzig Weiber wert – und man begreift die Berechtigung dieses Sprichworts, wenn man unter den Leuten gelebt hat. Alle Steppenbewohner, und zwar die seßhaften ebenso wie die wandernden, verehren den Windhund auf absonderliche Weise. Es war mir nicht möglich, ein Windspiel käuflich an mich zu bringen, weil sich die Leute durchaus nicht auf den Handel einlassen wollten.

Während man anderen Hunden kaum ausreichend Nahrung gibt und sie wütend aus den Zelten stößt, schläft der Windhund zur Seite seines Herrn auf Teppichen und nicht selten in einem Bett mit ihm. Man gibt sich Mühe, ihn zu erheitern, wenn er mürrisch ist, und alles das, weil seine Unarten, wie man sagt, ein Zeichen seines Adels sind. Man findet Vergnügen daran, ihn mit allerlei Schmuck zu behängen, man legt ihm Halsbänder und Muscheln um und behängt ihn mit Talismanen, um ihn vor dem Blick des bösen Auges zu schützen."

Auch heute noch: Als Taikoussou, die Hündin Ayads, kurz vor ihrer Niederkunft stand, gab ihr Besitzer beim „Schmied" des Dorfes neue Näpfe für die Hunde in Auftrag. „Schmiede" sind bei den Tuareg Mitglieder kleiner Handwerkergruppen, die keineswegs nur als Metallhandwerker arbeiten, sondern auch als Sattelmacher, Kürschner, Täschner, Töpfer, Schuster oder Schnitzer. Neben ihren handwerklichen Fähigkeiten besitzen sie aber auch magische Kräfte – und vermögen damit ihren Auftraggebern nützliche Dienste zu erweisen: Als Ayad seine Hundenäpfe in Auftrag gab, versäumte es der Schmied nicht, deren Griffe mit einer glühenden Klinge kunstvoll mit Brandmalerei zu verzieren, als Schutz vor dem „bösen Auge". Was allerdings gegen Dschinns, die bösen Geister, helfen mag, ist nicht unbedingt geeignet, innerartliche Streitigkeiten zu beseitigen: Amüsiert beobachteten wir, wie Taikoussou, kurz vor der Geburt stehend, ihren Bruder Boum böse knurrend vom Napf verscheuchte .

Als wir auf unserer Reise durch das Land der Azawakhs Wochen später erneut bei Ayad vorbeikommen, bietet sich uns beim Abschied noch einmal das Bild, mit dem sich diese Hunde in so viele Herzen geschmeichelt haben: Mühelos gleiten sie durch das hohe, trockene Steppengras, schnellen über Dornbüsche, fordern unser Auto, das sie inzwischen kennen, zu einem kurzen Wettrennen heraus und schlendern dann mit erhobenen Ruten zu ihrem Dorf zurück.

Noch sind sie keine Fata Morgana im Wüstensand, noch gibt es sie – die edlen Hunde der blauen Ritter der Sahara.

DER AZAWAKH

Statur, Wesen und Schönheit haben den Tuareg-Hund inzwischen auch in den westlichen Industrienationen zu einem besonders begehrten, aber bisher dennoch seltenen Haustier gemacht. Als Rasse wurde er von der Internationalen Rassehund-Föderation mit Wirkung vom 1.1.1981 anerkannt. Kennzeichnend ist bereits der einleitende Satz in der Standard-Beschreibung: „Besonders hochläufig und elegant vermittelt der Azawakh insgesamt den Eindruck hohen Adels."

Im Standard sind auch die Maße der schlanken Hunde angegeben: Rüden dürfen zwischen 68 und 72 Zentimeter Widerristhöhe erreichen, die Hündinnen sind mit maximal 68 Zentimeter Widerristhöhe kleiner. Der schmale Kopf der Hunde soll stolz erhoben getragen werden, in einen langen muskulösen Hals übergehen, der in den gut zurückgelegten Schultern endet. Dunkelbraun und mandelförmig sind die Augen, deren Ausdrucksfülle noch durch die schwarz pigmentierten Augenlider betont wird. Die Ohren sind in Augenhöhe angesetzt, sie sind dünn, faltenlos und bilden ein Dreieck mit abgerundeter Spitze. Der Körper ist aerodynamisch gebaut, mit extrem leichtem Knochenbau. Weil der Rumpf kürzer ist als die Widerristhöhe, wirkt die Silhouette wie ein hochgestelltes Rechteck. Die Hüfthöcker treten deutlich am Ende der schnurgeraden Rückenlinie hervor. Die tiefe Brust und die extrem aufgezogene Bauchpartie lassen den Hund noch eleganter erscheinen. Sehr dünn und fleischlos ist die Rute. Steil und gerade, fast senkrecht sind die hohen Vorderläufe, die auf kleinen Pfoten mit stark gewölbten Zehen ruhen. Die Hinterläufe sind breiter, ihre Zehen haben eine geringere Wölbung. Die Haut zeigt weder Wamme (Hautfalte von der Kehle bis zur Brust an der Unterseite des Halses) noch andere Falten, sie umspannt den Körper straff, so daß sich darunter Adern und Muskeln deutlich abzeichnen.

Das Haarkleid ist glatt, kurz und fein, ohne Unterwolle. Das Fell darf alle Töne zwischen Hellgelb und Rostrot zeigen und soll weiße Abzeichen an der Schwanzspitze, an den Pfoten und/oder an der Brust aufweisen. Neuerdings sind auch gestromte Hunde erlaubt. Weitere Liberalisierungen des FCI-Standards dürften mit Blick auf die in den Ursprungsländern vorkommende Population nur eine Frage der Zeit sein.

Das Überleben des Azawakhs ist heute wegen der politischen, ökologischen und ökonomischen Bedingungen in den Heimatländern gefährdet. Deshalb hat sich der Verein A.B.I.S. (Association Burkinabé Idi du Sahel), registriert in der Republik Burkina Faso, die Aufgabe gestellt, den Bestand der reinblütigen Nomadenwindhunde zu bewahren und zu fördern. Der international zusammengesetzte Verein sammelt Gelder, um in den Heimatländern der Azawakhs konkrete Projekte finanzieren zu können. Er informiert über Entwicklungen und Lebensverhältnisse dort, unternimmt Expeditionen in die entsprechenden Regionen und berät beim Import von Azawakhs. Daß heute in Europa und in den USA bereits eine kleine Population importierter Azawakhs existiert, die das Genpotential des bisherigen Bestands erweitern wird, ist nicht zuletzt auch ein Verdienst der A.B.I.S.

Kontakt:

A.B.I.S.
Dr. Werner Röder
Warschauer Straße 20
D-80992 München
Tel.: 089 / 14 16 648

BORNEO

UNTER JÄGERN IM REGENWALD

„Der von seinen Wurzeln bis in die Kronen mit Leben erfüllte tropische Regenwald ist ein Ort des Todes, an dem der Kampf um Nahrung an erster Stelle steht."

Biruté M. F. Galdikas, „Reflections of Eden", 1994

Bild rechte Seite: Die Hunde spüren das Wild auf und stellen es, bis der Jäger zur Stelle ist, um es mit der Lanze zu erlegen. Die Jagd auf die wehrhaften Bartschweine ist nicht ungefährlich.

Jeder Punan besitzt für die Jagd ein kleines Rudel von fünf bis neun Hunden. An vielen Hütten haben die Menschen für sie eigene Schlafplattformen gebaut.

Während Erfin im Halbdunkel seiner Pfahlhütte die Lanzenspitze aus Hartholz vollendet, ruht der tote Körper wie schlafend zu seinen Füßen. Es ist eine kleine Holzklinge, an der Erfin feilt. Liebevoll schärft er die Schneiden an beiden Seiten. Auf die Fläche dazwischen ritzt der Trauernde mit Brandmalerei eine kleine Figur. Drohend bietet sie dem Betrachter ihre Brust dar.

Erfin ist überzeugt, daß dieser Wächter, der Hampatong, dem Toten Schutz gegen all die unbekannten Mächte gewähren wird, die ihn von nun an stärker bedrohen werden als jemals zu seinen Lebzeiten. Mit geübten Handbewegungen poliert er deshalb immer wieder das mystische Holz.

Schließlich bindet er die geschnitzte Klinge sorgfältig mit einer langen Palmblattfaser an den Lanzenschaft aus Holz, der nur wenig kürzer ist als der tote Körper vor ihm. Dann trägt er den Leichnam und die fertige Waffe auf den Dorfplatz vor seiner Hütte.

Dort erwartet ihn Leo, der Häuptling der kleinen Punansiedlung, hier im nordöstlichen Hochland von Borneo. Ihm übergibt der Jäger den Toten und folgt ihm anschließend zu der vorbereiteten Grabkuhle, ein wenig abseits der Zehn-Familien-Siedlung. Die Lanze hält er dabei wie ein Zepter.

Gemeinsam legen die beiden Männer die Mulde mit Rinde und Bananenblättern aus. Darauf betten sie die Leiche. Sie ruht auf der linken Seite, dort, wo das Herz schlug. Die Lanze legt Erfin sorgsam auf den leblosen Körper, darauf ein blaugemustertes Tuch, das den Körper vor der Berührung mit der Erde schützt, die er gemeinsam mit Leo nun darüber aufschüttet. Auf den flachen Grabhügel pla-

Mit Lianen und weichen Rindenstreifen verwandeln die Jäger ein erlegtes Tier geschickt in ein tragbares Rucksackbündel. Ein ausgewachsenes Bartschwein wiegt immerhin rund 150 Kilogramm.

ziert Leo zum Abschluß drei faustdicke Stecken, aufgestellt wie eine Pyramide. Signal dafür, daß hier einer ruht, der aus ihrer Gemeinschaft ins Reich der Ahnen, Schatten und Geister gegangen ist: Abschied von Bentschong. Er war gerade neun Jahre alt geworden, und er war Erfins liebster Jagdgefährte – ein Hund.

Animistisch nennen Wissenschaftler die Religion der Punan, die sie von den Stämmen moslemischen oder christlichen Glaubens auf Borneo unterscheidet. Sie sind ein ursprünglich rein nomadisches Volk von Jägern und Sammlern, wahrscheinlich malaiischer Abstammung, das vor allem den Norden und das gebirgige Zentrum Borneos bewohnt. Diese feingliedrigen, zarten Menschen sehen ihr Dasein nicht losgelöst vom Tod, in dessen Schatten sie beständig leben. Sie unterscheiden nicht zwischen Natürlichem und Übernatürlichem. Deshalb sind ihnen auch konkrete Jenseitsvorstellungen fremd. Für die Punan existieren nur eine helle und eine dunkle Seite der Wirklichkeit. Zwischen beiden können die Menschen hin und her wandern. Und sie tun dies genauso wie die Tiere, die ihnen am nächsten stehen. Für die Punan sind das ihre Hunde, die unentbehrlichen Jagdgenossen. Bentschong zum Beispiel hat für Erfin mehr als 100 Schweine zur Strecke gebracht. Auch als Anerkennung dafür ist ihm nun die symbolische Lanze des Jägers und das Tuch seines Herrn mit ins Grab gegeben worden.

In ihrer Religion, die Bestandteil des Alltags ist, geschieht nichts zufällig. Keine scharfe Linie trennt dieses Leben und das zukünftige. Alle Tiere und jedes Ding sind beseelt wie Menschen, und alle Seelen nehmen als Geister Einfluß auf das Dasein im Heute und im Morgen. Dieser Glaube und viele seiner Rituale finden sich nicht nur auf Borneo, sondern auch in Sibirien und Südamerika, bei Eskimos und Buschmännern. In der Altsteinzeit, so vermuten Experten, hat er sich an vielen Orten der Erde entwickelt.

Aus dieser Zeit, viele Jahrtausende zurück, könnten auch die Punan-Hunde stammen. Ihr Anblick macht uns klar, wie konstruiert der Rassebegriff ist, den Haustierzüchter im Westen so überzeugend verwenden. Uns sind diese Tiere, die europäische Kynologen oft nur

BORNEO

Mit einer Fläche von rund 750 000 Quadratkilometern ist Borneo vor Sumatra, Celebes und Java die größte der Tausende von Inseln umfassenden Republik Indonesien, nach Grönland und Neuguinea die drittgrößte der Welt. Geologisch gehört Borneo zum Malaiischen Archipel, der

Inselkette, die sich zwischen Australien und Asien über den Äquator hinweg erstreckt.

Nicht unter indonesischer Herrschaft stehen im Nordosten der Insel die beiden zur Föderation von Malaysia gehörenden Staaten Sarawak und Sabah sowie das unabhängige Sultanat Brunei Daressalam, dessen Sultan durch den Verkauf des dort geförderten Erdöls zu einem der reichsten Männer der Welt wurde. Etwa ein Drittel der Insel nehmen diese drei Staaten ein, das restliche Territorium teilt sich in die vier indonesischen Provinzen West-, Süd-, Ost- und Mittel-Kalimantan (indonesischer Name für Borneo). Das Inselinnere ist bergig und war einst flächendeckend von Regenwäldern bewachsen. Steile Schluchten, reißende Flüsse und Stromschnellen machen das Land schwer zugänglich – sowohl für die ehemaligen europäischen Eroberer, Engländer und Holländer, als auch für die heutige Ausbeutung seiner reichen Bodenschätze. Die Unzugänglichkeit von Bergen und Klippen, sich immer wieder weit verzweigende Täler und schäumende Gewässer haben bis zu einem gewissen Grad die Natur der Insel vor der schnellen und totalen Vernichtung bewahrt.

Inzwischen aber gründet die Wirtschaft der beiden Malaysia-Staaten Sarawak und Sabah auf den Export von Holz, und auch im indonesischen Kalimantan wird die Abholzung im industriellen Stil immer weiter vorangetrieben. Nur das winzige Brunei schützt seine Regenwälder. Im übrigen Borneo aber setzen Lasthubschrauber Holzfäller und deren Maschinenpark in immer entlegeneren Waldgebieten ab. Forststraßen werden bis zum nächsten Urwaldstrom geschlagen, über den die Baumriesen dann zu Sammelstellen oder bis zur Küste geflößt werden. Zerstört wird damit neben dem Lebensraum der auf Borneo heimischen Tiere auch die erstaunliche Artenvielfalt der Regenwälder, etwa 450 verschiedene Baumarten pro Hektar, sowie die Kultur der alteingesessenen Völker und Stämme.

DIE PUNAN

Sehr viele verschiedene Völkerschaften leben auf Borneo. Die meisten sind als Dayak bekannt, ein Begriff, der weniger einen einheitlichen Menschentyp in kultureller oder physischer Hinsicht bezeichnet, sondern eher mit der Bedeutung des Wortes „Indianer" für amerikanische Ureinwohner vergleichbar ist. Im allgemeinen wird er für alle nicht islamischen Stämme im Innern Borneos verwendet, in dieser pauschalen Bedeutung deshalb auch gelegentlich für die Punan, die dann als Berg-Dayak gelten. Im eigentlichen Sinne unterscheiden sich die als reine Jäger und Sammler lebenden Punan aber von den Dayak-Stämmen, die alle auch Ackerbau betreiben.

Das Volk der Punan, das vorwiegend in Sarawak und Nord-Borneo zu Hause ist, wurde von den frühen Entdeckern der Insel als rein nomadisch lebend beschrieben. Das gilt heute nur noch für einige Punan-Clans und Stämme in besonders küstenfernen und schwer erreichbaren Gebieten. Die meisten Punan siedeln inzwischen in festen Hütten und Pfahlhäusern, die – obwohl nicht ganz so kunstfertig gebaut – dem Vorbild der Dayak-Häuser entsprechen. Die Herkunft dieses Volkes ist unbekannt. Anthropologen halten sie aber für eine von der dritten großen Bevölkerungsgruppe Borneos, den Malaien, relativ früh abgespaltene Jagdgemeinschaft, die im dichten Regenwald des Inneren Borneos ihren soziokulturellen Sonderweg gehen konnte.

Dieser Weg und die traditionelle Lebensweise der Punan sind nun bedroht: Die Wälder werden immer weiter abgeholzt, das Land erschlossen. Für die Punan bedeutet das, immer häufiger und immer intensiver mit der Zivilisation in Kontakt zu kommen. Der Verlust der eigenen Identität der Stämme zeigt sich unter anderem daran, daß in einigen Gegenden Borneos der Begriff Punan bereits für alle Menschen verwendet wird, die sich auf kürzere oder längere Expeditionen in den Dschungel begeben.

abwertend als Parias, Mischlinge, als zusammengewürfeltes Hundepack bezeichnen, eins – eine eigene Rasse.

Ob der tote Bentschong, ob Lojan, sein Rudelgefährte, ob Urong, Lipan, Mi-Ap oder Poa – sie alle und ihre etwa 60 Verwandten in dieser Punansiedlung sind einheitlich knapp 50 Zentimeter groß, haben einen keilförmigen Kopf mit einem flachen, der Nase konisch entgegenlaufenden Schädel. Und als würden sie beständig grübeln, zeigt das ganze Hundevolk ein paar Sorgenfalten auf der Stirn. Genauso wie hier haben wir sie auch in anderen Siedlungen gesehen.

Meist ist ihr kurzes, seidiges Stockhaar kastanienrot gefärbt, mal heller, mal dunkler. Manche Tiere sind reinschwarz, andere schwarz mit weißen Flecken, und schließlich sehen wir auch sandfarbene Hunde und solche, bei denen ein cremiges Beige mit weißen Partien abwechselt. Alle haben feine, stets aufmerksame Spitzohren, und immerfort wachen ihre dunklen, mandelförmigen und leicht schräg gestellten Augen über das Geschehen in ihrer Umgebung.

Und noch etwas ist ihnen gemeinsam: Wir hören sie niemals richtig bellen. Sie können heulen und winseln, sie fauchen und schnurren, singen und jodeln, jappen und schreien. Nur eins tun sie nicht: bellen. Ihre Besitzer haben sich im Umgang mit den Hunden der Lautgebung ihrer Tiere angepaßt. Mit weichen melodischen Tönen locken die Menschen schon die Welpen: „Wö-wö-wö-wöah" oder „Wu-wu-wuah!". Die erwachsenen Hunde rufen sie mit einem langgezogenen „Aiiiah", einem Laut, der auch im dichten Dschungel weit trägt.

Kein Zweifel für den Beobachter: Die Hunde, in vielen Dörfern der Punan und genauso beim nomadisierenden Teil dieses Volkes an-

zutreffen, sind eine Rasse – auch nach der wissenschaftlichen Definition dieses Begriffs. Zoologen wie der Kieler Haustierforscher Wolf Herre oder sein Kollege, der Berliner Humboldt-Wissenschaftler Klaus Löhle, haben den Rassebegriff in den letzten Jahrzehnten genau definiert: Danach versteht man unter Rasse eine Tiergruppe einer Art mit ganz bestimmten Merkmalen. Weitestgehende Ähnlichkeit an Gestalt, Verhalten und Wesen gehören dazu, ferner klare Unterschiede zu anderen Rassen der gemeinsamen Tiergruppe und schließlich die Fähigkeit, bei Reinzucht diese Merkmale unverändert auf die Nachkommen zu vererben. All das trifft auf die Hunde der Punan zu. Aber sie sind keineswegs nur hier in Borneo anzutreffen – und wir sind wahrlich nicht die ersten, die sich mit Interesse diesen Tieren zuwenden. Schon im vorigen Jahrhundert war der weltreisende Waidmann und Hundefreund Max Siber auf ihre Spur gestoßen. 1892 berichtete er darüber im „Centralblatt für Jagd- und Hundeliebhaber": „Der Hund hat aufrecht sitzende Ohren, einen geringelten Schwanz und einen aufgeschürzten Bauch. Seine Grundfarbe ist rötlichgelb, oft mit weißen Flecken, manchmal ganz weiß, selten schwarz oder blau." Siber vermeldete auch, daß die Eingeborenen „sich zur Jagd dieses Hundes bedienen" und beobachtete: „Dieser Hund heult öfter, als daß er bellt." Allerdings hatte er ihn nicht auf Borneo entdeckt, sondern auf dem Schwarzen Kontinent gefunden: „Dieser Hund ist bei allen Stämmen Afrikas heimisch. Die gewöhnlichste Form ist das Tier, das aus Altägypten als ‚König Suphis Rasse' bekannt ist."

Auch für die Kinder der Punan sind Hunde die besten Spielgefährten.

Die Hunde der Punan im Dschungel Borneos sind äußerlich so einheitlich, daß man sie als eigene Rasse bezeichnen könnte. Sie erinnern an australische Dingos oder afrikanische Basenjis. Besonders liebenswert: Stets tragen sie einige „Sorgenfalten" im Gesicht.

Tatsächlich sind Darstellungen dieser Hunde bereits in Hieroglyphenform 6000 Jahre vor Christus aus Ägypten überliefert, und tief im Süden Afrikas fand sich am Sambesi ein Relieffragment, das eben diese Tiere bei der Jagd auf Paviane und Zebras zeigt. Weitgereiste Weltbürger also oder Hunde, die schon in der Frühzeit aller Kulturen bei verschiedenen Völkern gleich oder einander sehr ähnlich entstanden?

Für uns ist diese Begegnung auch deshalb so faszinierend: Hunde aus Afrika, so alt wie die Cheopspyramide (auch dort finden sich Abbildungen dieser Tiere), begegnen uns ausgangs des zweiten Jahrtausends im dichten Dschungel Borneos. Wer sind sie? Erst seit etwa einem halben Jahrhundert tragen sie wenigstens in einem Teil der Welt einen Namen: Basenji, was in der Sprache der Pygmäen im Kongo-Gebiet etwa „das kleine Buschwesen" heißt. Und erst in jüngster Zeit haben Kynologen eine Theorie entwickelt, die uns die erstaunliche Gleichzeitigkeit der Entwicklung so ähnlicher Tiere auf zwei Kontinenten erklären kann.

Wahrscheinlich haben die Hundefreunde in dieser Hinsicht Eberhard Trumler viel zu verdanken, dem 1991 verstorbenen Hundeforscher, -freund, -züchter und -kenner, der von der Wissenschaft lange als Amateur geringgeschätzt wurde. Er schlug den großen Bogen von den verschiedenen Wolfsarten, die sich überall auf der Erde unterschiedlichen Lebensräumen und Lebensbedingungen in Körperbau und Verhalten anpaßten, zu den ersten Ur-Rassen unserer heutigen Hunde. Die Pariahunde im Norden und im Süden Eurasiens und Afrikas zählen dazu. In langwierigen Kreuzungsversuchen, auch mit Schakalen, Wölfen und Dingos, wies Trumler am Verhalten und Aussehen seiner auf großen Grundstücken freilebenden Tiere deren „Erstgeburtsrecht" und Vaterschaft an den rund 500 heutigen Kulturrassen nach. Und erläuterte dies auch unermüdlich in Büchern, Vorträgen und Aufsätzen.

Als erster stieß er ein Tor auf und verband Hunderte von Einzelbeobachtungen in aller Welt zu einem plausiblen Gesamtbild, das inzwischen wissenschaftliche Anerkennung gefunden hat. Darin haben auch die Punan-Hunde, unsere Borneo-Basenjis, ihren Platz. Denn solche Tiere gibt es nicht nur hier, am Südrand des Südchinesischen Meers, sondern auch noch zwei große Inseln und rund 1500 Kilometer weiter ostwärts, auf Neuguinea. Als Neuguinea-Dingos wurden sie dort 1956 zum ersten Mal beschrieben und erhielten einen eigenen wissenschaftlichen Namen: *Canis hallstromi*, der Hund aus der Hallstrom-Zeit. New Guinea Singing Dog hatten die Engländer das Tier bereits getauft, das europäischen Seefahrern seit etwa 1606 bekannt war.

Heute gilt er nicht mehr wie damals als eigene Wildhundeart, sondern als eine Sonderform des Dingos, der – Bernhard Grzimek wies in den siebziger Jahren darauf hin – „verwandtschaftliche Beziehungen zu den indonesischen Haushunden" besitzt. Heute ist der singende und nicht bellende Hund deshalb auch wissenschaftlich in den Schoß der Hundefamilie zurückgekehrt: *Canis lupus*, wie auch der Wolf und alle Hunde, wird er nun genannt, versehen mit dem Zusatz: *familiaris hallstromi* – ein „Familienwolf" aus der Steinzeit. Er gleicht seinem Vetter auf Borneo genauso wie vielen Basenji-Typen in Zentralafrika, so daß eine

Beschreibung, die uns Eberhard Trumler gab, auf alle drei zutreffen kann: „Ein kleiner, verhältnismäßig kurzbeiniger Hund, der in mancher Hinsicht weitgehend einem Spitz gleicht, was vor allem durch die meist über dem Rükken gerollte Rute betont wird. Er hat kurze Stehohren, einen verhältnismäßig kurzen, stumpfen Fang. Seine Färbung erinnert an den Dingo. Auch die weißen Pfoten, die weiße Schwanzspitze sowie ein ebensolcher Brustfleck und gelegentlich ein weißer Nasenrücken weisen wie beim Dingo auf ein sehr frühes Stadium der Haustierwerdung hin."

Bei unseren Borneo-Basenjis ist das ähnlich, und in der Rassezucht der afrikanischen Basenjis, die seit etwa 1930 vor allem mit Hunden aus dem Kongo betrieben wird, schreibt der Standard das sogar vor: weiße Brust, ebensolche Pfoten und weiße Spitze an der hochangesetzten Ringelrute.

Unsere Expedition zu den Punan ist tatsächlich zu einer Reise in die Steinzeit geworden – die der Hunde und die der Menschen. Denn dieses vorwiegend nomadisch lebende Volk existiert unter den harten Bedingungen des Regenwaldes noch immer so, wie einst vor Jahrtausenden unsere Vorfahren in Europa – als Sammler und Jäger, die keinerlei Ackerbau betreiben. Die Jagd mit dem Hund gilt ihnen als effektivste Methode des Nahrungserwerbs. Bevor die Hunde mit einbezogen wurden, gingen die Punan ausschließlich mit dem Blasrohr auf Jagd. Doch diese Methode eignet sich nur für kleine Tiere wie Vögel, Schlangen und kleine Affen. Die Wirkung des Giftes würde bei größerer Beute wie Wildschweinen viel zu spät einsetzen. Flucht oder Angriff der Tiere wären die Folge. Deshalb nehmen die Hunde im Gesellschaftsgefüge der Punan eine so wichtige Position ein.

Die Aufgabe der Hunde ist es, das Wild aufzustöbern, zu verfolgen und zu stellen, bis der Jäger es schließlich mit der Lanze erlegen kann. Wie erfolgreich diese Methode ist, erleben wir auf einer Wildschwein-Pirsch, zu der wir von unseren Freunden eingeladen sind.

Die Hunde erhalten von der Beute zwar bestes Fleisch als festen Anteil, doch auch wenn die Jäger täglich mit ihren Hunden Beute machen, bekommen die Vierbeiner davon nur jeden dritten Tag: Die Punan glauben, daß ihre Tiere sonst zu träge werden.

Gejagt werden Bartschweine, *Sus barbatus*. Diese wehrhaften Tiere finden in den Regenwäldern und Mangrovendickichten Borneos ideale Lebensbedingungen vor. Erlegt werden sie nur von den Urbewohnern des Binnenlandes. Die meist islamische Bevölkerung an der Küste hält das Fleisch dieser Tiere für unrein.

Das in der Vergangenheit noch massenhafte Vorkommen der Schweine mit dem auffallenden Backenbart sowie die Strenge des Koran hatten 1954 fast zu einem Krieg zwischen der Küstenbevölkerung und den Stämmen im Inland geführt. In jenem Jahr wanderten Bartschweine in solchen Mengen vom Norden der Insel in den Süden, daß die Punan und andere Bergstämme ein wochenlanges Gemetzel unter den Tieren veranstalteten, um zu verhindern, daß die Rotten ihnen sämtliche Nahrung, wie Wurzeln, Früchte und Wildgemüse, wegfraßen. An ihren Unterläufen stauten sich die Flüsse geradezu wegen der Kadaver der Schweine, und die mohammedanischen Küstenbewohner begannen einen Feldzug gegen die Urheber dieser ungewöhnlichen Überschwemmung, die für sie eine ökologische Katastrophe darstellte: Das Wasser der Flüsse wurde ungenießbar, verseucht vom Leichengift unreiner Tiere.

Heute kommen auf Borneo Bartschweine in so gewaltiger Zahl nicht mehr vor. Weniger weil die Punan und andere Stämme sie durch Überjagung ausgerottet hätten, sondern weil der tropische Regenwald, einst die zweitgrößte zusammenhängende Waldfläche der Erde, rücksichtslos gerodet wurde. Die Republik Indonesien macht Kasse auf Kosten der Umwelt und der traditionellen Lebensweise der vielen ihr unterworfenen Völker und Stämme – hier auf Borneo genauso wie in West-Irian, der Westhälfte von Neuguinea. Und Malaysia, zu dem der Nordwesten Borneos gehört, übertrifft Indonesien noch mit seinem Raubbau.

Aber noch gibt es Bartschweine, kleine und große Kantschile, den Python, die große Würgeschlange, Hühnervögel, Hirsche und kleinere Affenarten, die alle den Bergvölkern als Jagdbeute dienen. Gefährdet und vom Aussterben bedroht sind andere Tierarten Borneos: der Orang-Utan, einer der drei großen Menschenaffen (nur hier und auf dem benachbarten Sumatra hat er seine Heimat), das Nashorn und das wilde Sunda-Rind. Ihnen allen wird durch den Raubbau am Wald der Lebensraum genommen – und eines Tages wird es wohl auch den Punan so ergehen.

Die Jagd, wie sie Leo und seine Stammesbrüder betreiben, spielt angesichts der wirklichen Bedrohung keine Rolle im Überlebensroulette des Regenwaldes. Auf jeder Jagd erlegen die Punan nur so viele Beutetiere, wie sie für sich, ihr Dorf und ihre Hunde brauchen. Denn auch die erhalten von der Beute ihren Anteil – und keineswegs die schlechtesten Stücke. Fleisch gibt es für die Hunde allerdings nur alle drei Tage. Sonst, so erklären uns die Jäger, würden die Vierbeiner zu faul für die Jagd - ohne Anzeichen von Widerwillen leben die Hunde dann vegetarisch.

Was immer sie zu fressen bekommen, sie haben es verdient. Denn auf der Pirsch leisten die kleinen Gefährten Beachtliches. Zunächst müssen sie eine Fährte aufnehmen. Stets

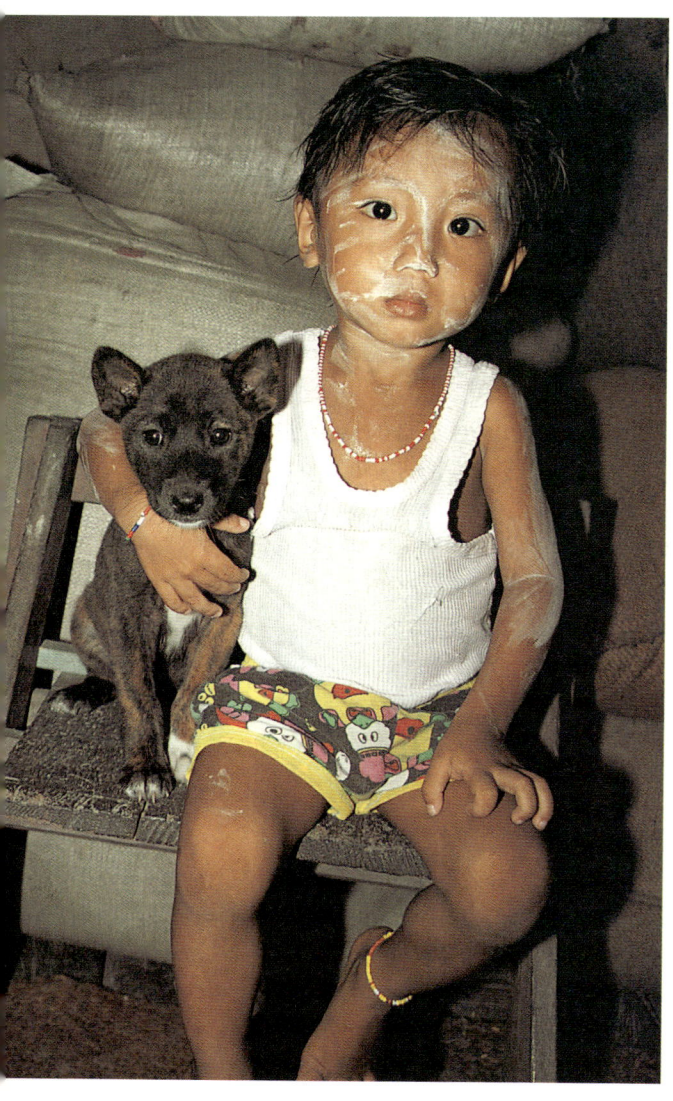

Die Hunde gelten als Mitglieder der Familie und dürfen jederzeit in die Hütten kommen. Der kleine Nissa hat sich seinen zukünftigen Jagdgefährten bereits ausgesucht.

sind die Jäger um Leo mit ihren Hunden in Rufkontakt. An deren unterschiedlichem Gejaul können sie erkennen, welches Wild die Meute gerade verfolgt. Sind die Hunde auf der Spur, feuern die Jäger sie durch Rufe an, die kaum vom Jagdgesang der hetzenden Tiere zu unterscheiden sind. „Die Hunde verstehen unsere Sprache nicht, also müssen wir mit ihnen in ihrer eigenen Sprache sprechen", erklärt uns Leo.

Hat das Rudel dann endlich das Wild gestellt, wandelt sich das Jagdgeläut der Hunde zum Triumphgesang. Sogleich eilen die Jäger, behende und fast lautlos, durch den Regenwald herbei. Haben sie das Beutetier erreicht, genügt meist ein Stoß mit der Lanze. Ungefährlich ist die Jagd allerdings weder für Mensch noch Hund, denn die Wildschweine sind äußerst wehrhaft. Viele Hunde tragen Narben von deren Hauern. Die Wunden versorgen die Punan mit Umschlägen aus gestampften Heilkräutern, die sie in der riesigen Apotheke des Regenwaldes sammeln.

In frühester Jugend werden die Hunde bereits für diese Art der Jagd abgerichtet. Nur ein völliger Rapport zwischen Tier und Mensch sichert deren Erfolg. Deshalb gibt es in den Hundemeuten auch stets einen besonders erfahrenen Leithund, einige Tiere, die bereits Jagderfahrung haben und zwei oder drei Neulinge, die auf diese Weise – learning by doing – Unterricht in ihrem zukünftigen Job nehmen.

Etwa sechs Hunde gehören zu jedem Punan-Haushalt, doch sie sind nicht nur Jagdhunde. Sie leben auch als echte Haustiere wie gleichberechtigte Familienangehörige mit den Menschen zusammen. Manche Familien bauen sogar eigene Schlafplattformen für die Hunde in oder unter der Hütte. Für die Kinder sind sie die besten Spielgefährten, und viele Frauen tragen ihre Lieblingstiere auf dem Arm umher. Ein unglaublicher Luxus für ein Volk, das täglich sein gemeinsames Auskommen immer wieder neu gegen eine übermächtige und bedrohliche Natur erkämpfen muß. Nur der hohe Stellenwert der Hunde als Helfer in diesem Kampf vermag dies zu erklären. Wie weit die Achtung vor den Hunden, in der Sprache der Punan „asu" genannt, geht, zeigt sich auch daran, daß sie bei rituellen Handlungen eine gewichtige Rolle spielen und das häufigste Tätowierungsmuster der Punan einen stark stilisierten Hund darstellt.

Besonders liebevoll gepflegt werden natürlich die besten Jagdhunde. Mit ihnen wird auch planvoll gezüchtet – nur auf Leistung, nicht auf Äußerlichkeiten ausgerichtet. Fellfarben sind den Punan beispielsweise gleichgültig und höchstens eine Frage des persönlichen Geschmacks. Alle Hunde tragen Namen, besondere, die sich von denen der Menschen unterscheiden. Nur die Hündinnen sind an Halsband und Leine aus Lianenfasern gewöhnt, damit sie während der Läufigkeit angeleint werden können, um unerwünschte Paarungen zu verhindern.

Die Rüden bewegen sich grundsätzlich frei, denn die Tiere gehorchen aufs Wort. Wenn ein einzelner Jäger mit seiner Koppel in den Wald aufbrechen will, ruft er nur die betreffenden Tiere beim Namen, um zu verhindern, daß alle Hunde mitlaufen. Diejenigen, die zurückbleiben sollen, fügen sich, aber widerwillig, verzweifelt jaulend und immer eine kurze Strecke mitlaufend. Erstaunliche Tiere, perfekt an die Menschen und deren Lebensweise angepaßt und wichtige Partner beim Überlebenskampf im Regenwald. Nur eine Aufgabe erfüllen sie nicht: Wachfunktionen. Aber das wird von einem Asu auch nicht erwartet. Durch das enge Zusammenleben im Dorf sind sie so an den Menschen gewöhnt, daß sie auch uns Fremde niemals stellen.

Ungeklärt ist, woher die Punan ihre Hunde haben. Nicht gelöst ist auch die Frage, seit wann sie mit den Jagdhunden zum beiderseitigen Vorteil zusammenleben. Wissenschaftler vermuten, daß die Wildbeutergruppen auf Borneo erst seit einigen Jahrhunderten, vielleicht sogar erst seit wenigen Generationen Jagdhunde einsetzen. In der „Vor-Hunde-Zeit" Borneos, ein feststehender Begriff, sei allein das Blasrohr mit der tödlichen Mixtur der atemlähmenden Gifte des Upasbaums *(Antiaris toxicaria)* für die Jagd verwendet worden. Benutzt wird es auch heute noch, aber nur die Jagd mit den Hunden garantiert, daß die ganze Sippe ernährt werden kann.

Erst über den Kontakt mit anderen Stämmen und Völkern in den Küstenregionen sei der Hund zu den Punan gelangt – von Reisfarmern oder Händlern im Tausch erworben, möglicherweise kam er von einer der vielen umliegenden Inseln nach Borneo. Dagegen spricht die in so kurzer Zeit nicht zu erreichende rassische Perfektion der Punanhunde an Gestalt, Wesen und Fähigkeiten sowie die Vermutung von Völkerkundlern, daß die nomadisierenden Jäger sich selbst einst von den seßhaften Bevölkerungsgruppen abgespaltet haben. Warum behielten sie bei diesem Kulturwandel dann die Hundezucht nicht bei, griffen erst später wieder auf diese zurück?

Gelänge es, die Geschichte der Hunde zu enträtseln, ließe dies auch weitere Rückschlüsse für die Menschheitsgeschichte zu: Denn seit mindestens 14 000 Jahren ist die Ent-

Einer alten Legende zufolge haben sich die Punan ihren Jagdgefährten selbst geformt – aus dem Harz eines Gummibaumes. Schnelle Beine und eine gute Nase sollte dieses Wesen haben, und es müßte sprechen können, um den Jäger zu rufen. Auf ihr Bitten hauchte ein Gott der Figur Atem ein und schuf so den Hund.

wicklungsgeschichte von *Homo sapiens* mit der von *Canis lupus* eng verzahnt, eine Symbiose mit Vorteilen für beide Seiten, für die es in der Natur- und Kulturgeschichte kaum ein vergleichbar perfektes Beispiel gibt. Die Evolution der einen Art hat immer auch die der anderen gefördert – und umgekehrt. Besonders augenfällig erscheinen uns diese Zusammenhänge auf Borneo – bei unserem Sprung in die Steinzeit.

Welch hohes Niveau die Punan als Halter und Züchter von Hunden nicht nur innerhalb ihrer Kulturstufe, sondern im weltweiten Vergleich erreicht haben, zeigt nicht allein die Qualität und Leistung ihrer bei uns „Primitivhunde" genannten Tiere. Es offenbart sich auch in der Tatsache, daß Punan-Hunde schon lange überall auf Borneo sehr begehrte Tiere sind. Angehörige anderer Völker und Stämme kommen immer wieder hierher ins Inland, um von den Punan besonders gute Jagdhunde einzuhandeln.

Vor allem die Hunde der Punan Busang, eines Stamms dieser Volksgruppe, sind gefragt. Schon 1965 berichtete der Völkerkundler Harrison davon, daß ein Kayan-Häuptling einen besonders hoch bewerteten Busang-Hund gegen Eisen, Salz und Tabak von seinem Herrn eintauschte. So dringlich war sein Wunsch, daß er sogar einen Hubschrauber anmietete, um den Handel so schnell wie möglich abzuwickeln. Heute, von der Zivilisation immer heftiger bedrängt, nehmen die Punan auch Geld. Schließlich können sie dafür in den Holzfäller-Camps und in den Dayak-Dörfern an den Unterläufen der Flüsse Waren einkaufen, getrocknete Kokosflocken zum Beispiel, zunehmend auch Textilien - bis vor kurzem verwendeten die Punan für ihre Lendenschurze noch weichgeklopfte Baumrinde.

Auch die Dayak in Küstennähe halten Hunde, allerdings nicht von der hohen jagdlichen und züchterischen Qualität der Punan-Hunde. Es sind größere Tiere mit einem breiteren Schädel. Bisweilen scheinen es, fernab von Australien, reine Dingos zu sein. Das gleiche, rötliche, stockhaarige Fell, das mißtrauische Wesen, die Intelligenz, der langgestreckte Rumpf mit der tiefen, breiten Brust, darüber der etwas plump wirkende Kopf mit den breiten Ohren. Kamen von hier die Siedler, die vor 3000 Jahren, möglicherweise sogar schon vor 13 000 Jahren, Hunde auf den fünften Kontinent brachten, wo sie dann wieder verwilderten? Auch das ist eine der Fragen, die bisher weder Kynologen noch Völkerkundler beantworten konnten.

Eine Antwort haben auch wir nicht gefunden, dafür aber die Überzeugung, Menschen und Tiere kennengelernt zu haben, die dem Ursprung ihrer jeweiligen Art noch sehr nahe stehen. War für die Punan die Zucht ihrer Hunde nur ein kleiner Schritt, so war es für die Menschheit ein großer, als die ersten Steinzeitjäger einen Jagdgefährten fanden und damit die Jagd effektiver wurde.

In den Legenden der Punan findet sich allerdings eine Antwort auf die Frage, woher die Jagdgefährten ihrer Ansicht nach kommen. Leo erzählte uns folgende Geschichte:

„Vor langer Zeit pirschten zwei Jäger vom Stamme der Punan durch den Dschungel Borneos. Stunden waren sie unterwegs, aber wie so oft hatten sie auch heute kein Glück bei der Jagd. Wann immer sie Wild aufspürten, entkam es ihnen wieder im dichten Urwald. Erschöpft setzten sie sich schließlich unter einen Gummibaum und überlegten, welches Wesen ihnen bei der Jagd helfen könnte. Eine gute Nase sollte es haben, um die Fährte aufzunehmen. Schnell müßte es sein, um das Wild zu stellen. Scharfe Zähne sollte es haben, um die Beute zu packen. Und es müßte sprechen können, um den Jäger zur Stelle zu rufen. Sie sammelten das Harz des Gummibaums und formten daraus ein solches Wesen: den Hund. Auf ihre Bitten hauchte ein Gott der Figur Atem ein, und so kam es, daß die Punan von da an erfolgreich jagen konnten – mit dem Hund an ihrer Seite."

Häufig sitzen die Punan gesellig beisammen, um Betelnüsse zu kauen. Bei dieser Gelegenheit werden die Hunde oft liebevoll massiert – schließlich sollen sie beweglich bleiben für die Jagd.

DER BASENJI

Der zu den Schensi-Hunden Afrikas und Asiens gezählte kleine Jagdhund wird seit 1936 auch in Europa gezüchtet. Bongo und Bokoto hießen die ersten Basenjis, die eine Mrs. Burn aus dem damaligen Kongo nach England importierte. Als sie 1937 auf der Crufts-Hundeshow in London zum ersten Mal ausgestellt wurden, mußten spezielle Ordnungskräfte eingesetzt werden, um das Publikum an den Basenji-Käfiger vorbeizuleiten: So groß war das Aufsehen, das diese „nicht-bellenden Hunde" erregten.

Der seit 1943 in den USA und wenig später auch von der FCI als Rasse anerkannte Basenji hat als Zuchttier nur afrikanische und keine asiatischen Vorfahren. Vermutlich deshalb, weil die Basenji-Verwandten zum Beispiel auf Borneo erst viel später entdeckt wurden als der namengebende Zweig in Zentralafrika. Durch die Rassezucht nach den strikten Standards hat sich der Zuchtbasenji inzwischen sehr von den Namensvettern seiner Heimatländer entfernt.

Dennoch sind in den liebenswürdigen und an ihrer Familie hängenden Basenjis noch viele Charakterzüge der ursprünglichen Schensi-Hunde erhalten geblieben: Aufmerksamkeit für das Geschehen rings umher, die nur einmal im Jahr eintretende Läufigkeit (Kennzeichen vieler „Primitivhunde") und das durch die Stirnfalten immer ein wenig sorgenvoll wirkende Gesicht. Da sie ihre Aussehens- und Wesensmerkmale an die Nachkommen weitergeben, erfüllen sie ein Hauptkriterium, um als Rasse angesehen zu werden, obwohl ihre Zuchtbasis in Europa sehr schmal ist: Im wesentlichen geht sie auf nur elf Hunde zurück, die 1936 und in den Folgejahren nach England importiert wurden. Noch ist die Zahl der Liebhaber dieser Hunde gering. Die berühmteste Basenji-Besitzerin ist wahrscheinlich Juliane, Ex-Königin der Niederlande.

Kontakt:
1. Basenji-Klub e.V.
Ursula Grewe
Watzmannstraße 84
71067 Sindelfingen

PATAGONIEN

DIE RECHTE HAND
DER GAUCHOS

„Neben der höheren Intelligenz und Lernfähigkeit ermöglicht vor allem die geringere Nervosität und die bessere nervliche Belastbarkeit des rasselosen Hundes höhere Dressurleistungen."

Konrad Lorenz, „So kam der Mensch auf den Hund", 1965

Aus der gewaltigen, schrundigen Wand des Gletschers Perito Moreno stürzt ein tonnenschwerer Eisbrocken in den Lago Argentino. Kurze Zeit später springt Alef in das eiskalte Bergwasser und paddelt nun begeistert zwischen den Eisschollen umher. Alef gehört zu Claudio, dem Manager des Gletscher-Hotels. Eigentlich ist er ein Stadthund aus dem tropischen Buenos Aires. Erst vor ein paar Jahren kam er mit seinem Herrchen hierher, in das westliche Patagonien. Und damit kann man den nicht ganz rassereinen Abkömmling europäischer Wachtelhunde als typischen „Argentinier" betrachten: So wie er haben alle seine Artgenossen hier im menschenleeren Süden des amerikanischen Subkontinents fern ihrer Ursprungsländer eine neue Heimat gefunden. Die meisten allerdings als Arbeitstiere.

Denn Patagonien ist Schafland. Hier grast ein Drittel der etwa 60 Millionen Schafe Argentiniens, auf den fruchtbareren Weiden auch einige der rund 50 Millionen Rinder des Landes. Um sie zu hüten, zu schützen und zu treiben, waren und sind Hunde nötig. Die brachten die ersten Siedler in den 80er und 90er Jahren des vorigen Jahrhunderts aus ihren Heimatländern mit.

Sie kamen aus Wales, aus Schottland und England. Sie wanderten über die Anden aus Chile ein oder erreichten mit dem Schiff aus Neapel, manchmal auch aus Bremerhaven kommend, die wilde, neue und unbekannte Küste. Landlose Bauern aus Spanien gehörten ebenso wie entflohene Leibeigene aus Rußland zu dem Heer der Einwanderer. Manche von ihnen hatten ihre Hunde dabei. Aus ihnen entwickelten sich die bis heute vielgestaltigen, in ihren Fähigkeiten aber mittlerweile einheitlichen Schäferhunde Patagoniens.

Kein Wunder also, daß wir auf den gut 14 000 Kilometern unserer Reise durch das weite Land viele alte Bekannte aus Europa in ihrer neuen Dienststellung antreffen. Zu weit entfernt voneinander sind hier die einzelnen Ansiedlungen, zu einsam liegen die Estancias, die Höfe der Viehzüchter, als daß in wenig mehr als einem Dutzend Jahrzehnte bereits eine einheitlich aussehende Hundepopulation hätte entstehen können.

Nicht ganz rassereine Neufundländer laufen uns über den Weg, Labradors, Foxhounds und Mastinos. Manchmal scheint einer direkt aus der Lüneburger Heide zu kommen – ein Pastor Aleman, ein Deutscher Schäferhund. Wir sehen Berghunde aus den Pyrenäen und den Abruzzen, am häufigsten aber Tiere aus dem Border County, Hunde aus jenem Landstrich, der zwischen England und Schottland liegt und als Heimat der meisten Terrier und vieler Schä-

ferhunde gilt: Border Collies vor allem. Bei vielen Hunden sind die Ahnen jedoch nur noch schwer zu erkennen.

Hier dienen alle Hunde als robuste Gebrauchshunde. Neben den Pferden sind sie die wichtigsten Gehilfen ihrer Herrn – sie sind die rechte Hand der Gauchos und Estancieros. Nachfahren der ursprünglichen Indianer-Hunde sehen wir nicht. Sie starben wohl mit den Menschen, die einst die Herren dieses Landes waren. Die meisten der indianischen Ureinwohner fielen einem blutigen Krieg zum Opfer, den die Armee der auf Europäisierung bedachten argentinischen Regierung zwischen 1877 und 1879 gegen sie führte. Reinblütige Erben der alten Völker gibt es heute kaum noch, nur Mestizen, Mischlinge zwischen Indios und den Weißen, die im Anschluß an die „Säuberungsaktion" in mehreren Wellen als Siedler ins Land kamen.

Mit der Vernichtung der Jägernomaden, die in den Gras- und Strauchsteppen Patagoniens lebten, gingen auch deren Sprachen und Kulturen verloren. Und von den Tieren der Mapuche oder der Tehuelche, auch von ihren Hunden, geben uns heute nur noch Beschreibungen früher Reisender, Zoologen und Völkerkundler eine Vorstellung.

Als „extrem wild aussehend", beschreibt 1920 der Amerikaner G. M. Allen den von ihm Patagonian Dog (patagonischer Hund) genannten, zu seiner Zeit noch vereinzelt anzutreffenden Jagdhund der Indios. Mittelgroß, rauhhaarig und struppig sei er gewesen, im

Die Gauchos legen keinen Wert auf die Rassereinheit ihrer Hunde. Die vierbeinigen „Einwanderer" früherer Tage vermischten sich hier und wurden schließlich zu den wichtigsten Helfern der legendenumwobenen Reiterhirten.

Äußeren „einem kleinen Wolf ähnlich. Hinter seinen Schultern war das Fell weich und kurz, davor aber dicht und weit abstehend wie die Mähne eines Löwen." Nur selten sehen wir Mischlinge, die möglicherweise noch Gene dieses Hundes tragen.

Ausgerottet ist auch sein südlicher Vetter, der Fuegian Dog, der Feuerland-Hund, ein Jagd- und Fischfang-Begleiter der Indianer, der nach einer Beschreibung aus dem Jahre 1840 im dunklen Fell über jedem Auge einen „weißen Fleck mit rotgelben Haaren" trug.

Die meisten Hunde in Patagonien sind Nachkommen der verschiedensten Hirtenhunderassen, die Einwanderer über 200 Jahre hinweg mit ins Land brachten: Collies aus Schottland, Berghunde aus den Pyrenäen, Mastinos aus Italien, Bobtails aus England und Schäferhunde aus Deutschland.

Für die weißen Einwanderer war er ebensowenig von Interesse wie der Patagonian Dog. Im Gegensatz zu ihren eigenen Hunden waren die Indianer-Tiere stumme Jäger: Sie pirschten ohne Gebell der Beute nach. Da setzten die Weißen lieber die Hunde ein, die sie selbst mitgebracht hatten.

An diese lautgebenden Jagd- und Schutzhunde waren die frühen Gauchos gewöhnt. In Fortführung der uralten Traditionen wehrhafter europäischer Hirten trugen vor allem diese freiheitshungrigen Vagabunden im vergangenen Jahrhundert die durchaus nicht als unehrenhaft empfundene Last der spanischen Landnahme in Südamerika. Die wenigen überlebenden Indios paßten sich an – bis sie schließlich in der Flut der weißen Eroberer untergingen. Nur etwa fünf Prozent der heutigen Bevölkerung Argentiniens, eben die Mestizen, tragen noch Indianerblut in sich. Auf unserer Expedition lernen wir eine Familie mit diesem Erbe kennen.

Sie lebt auf einer malerischen kleinen Selbstversorgerfarm mit Gemüseanbau, Pferden und etwas Vieh. An ihre indianische Mapuche-Tradition anknüpfend, gehen sie manchmal auch noch auf die Jagd. Längst nicht alle Mestizen stehen zu ihrem Indianerblut. Bei unseren Gastgebern ist das anders. Trotzdem kamen sie im Lauf ihrer Familiengeschichte zu dem ganz und gar unindianischen Namen Beissmann – Erbe eines deutschen Einwanderers.

Doch auch ihnen stehen nicht mehr die Patagonian Dogs bei der Jagd auf die südamerikanischen Straußenvögel, die Nandus, zur Seite, sondern Galgos, kräftige Abkömmlinge spanischer Windhunde. Spezielle Jagdhunde sind selten in Patagonien, nicht einmal die Reichen leisten sich für diesen Zweck eine Meute. Schon deshalb nicht, weil in der niedrig wachsenden Vegetation der endlosen Ebenen kaum noch jagdbare Beute aufzuspüren ist.

Für die Pirsch auf Fuchs und Puma aber haben die Gauchos ihre Herdenschutzhunde, die diese Erzfeinde der Viehzüchter stellen, bis sie mit einem gezielten Schuß erlegt werden können. Wie zur Warnung für die noch Lebenden ihrer Art finden wir immer wieder Kadaver solcher Raubtiere auf Zaunpfosten am Rande der Straßen, die durch die Weidegebiete führen. Das Leben hier ist hart, Verluste an Vieh können sich die Menschen nicht leisten. Seit Generationen leben sie hier unter diesen Bedingungen, und ihre Hunde stehen ihnen dabei zur Seite.

Ein bis zwei Hektar des mageren Landes ernähren hier im Süden Patagoniens nur ein Schaf, meist der kargen Natur angepaßte Mischlinge aus verschiedenen Rassen – Corriedales, Lincolns, Romney Marsh-Schafe. Reine Wollschafe wie Merinos liefern zwar die feinere Wolle, sind für die Böden hier aber zu anspruchsvoll und dem rauhen Klima nicht gewachsen. So bleiben den Züchtern nur Schafe mit einem im Vergleich zu den reinen Schurrassen dickeren und gröberen Vlies. Die liefern zwar auch gutes Fleisch, aber ihre Wolle ist auf dem Weltmarkt seit Jahren nur schlecht abzusetzen.

Dennoch ist die Schafschur noch immer der Höhepunkt im Wirtschaftsjahr auf einer Estancia. Alle Tiere werden dazu von den Weiden zusammengetrieben – eine Arbeit, die ohne die Hunde nicht zu bewältigen wäre. Die Schafscherer, die eigens während der Saison von Estancia zu Estancia ziehen, haben keine Hunde. Es ist Aufgabe der Gauchos und ihrer vierbeinigen Begleiter, das Vieh zur Schur zusammenzutreiben.

Meist sind die Hunde Rüden. Zwar wissen die Gauchos, daß Hündinnen oft mindestens ebensogute Hütehunde sind. Aber die meisten von ihnen sind Wanderarbeiter, ziehen mit ihren Meuten von bis zu sieben Hunden von Estancia zu Estancia. Eine Hündin mit Welpen wäre dabei hinderlich. Hündinnen halten deshalb fast ausschließlich die Estancieros oder die wenigen Gauchos, die fest auf einer Estancia arbeiten. Die Männer wissen, was sie an ihren Hunden haben. So auch Rodrigo, Vorarbeiter auf Los Corrales, einer 10 000-Hektar-Farm mit knapp 5000 Schafen und 350 Rindern: „Wie sollten wir ohne unsere Hunde arbeiten? Sie gehören zu unserem Leben, sie sind unsere Gefährten wie die Pferde und der Wind."

Der Wind fällt meist vom Westen über die Anden, die weni-

Zu kurz liegt die Zeit der Einwanderung zurück, zu weit sind die einzelnen Estancias Patagoniens voneinander entfernt, als daß sich bereits ein einheitlicher Hundetyp hätte entwickeln können. Aber eins ist all diesen Hunden gemeinsam: ihr tief verwurzelter Hüteinstinkt.

Der Border Collie gehört zu den berühmtesten Hütehunderassen der Welt. Neuesten Erkenntnissen zufolge handelt es sich gar um die intelligenteste aller Hunderassen überhaupt.

gen Bäume und Büsche biegen sich zu Krüppeln, scheinen über den Boden zu kriechen. Das harte Land hat Mensch und Tier eng zusammengeschweißt. Und so sind bei der Arbeit nur wenige Worte nötig. Die Gauchos können sich auf den Instinkt ihrer Hunde verlassen: Ein paar Pfiffe und einige sparsame Gesten reichen zur Verständigung aus.

Es scheint ein unsichtbares Band zu geben zwischen Hunden und Schafen: Zwei Hunde genügen, um eine ganze Herde im Zockeltrab in die gewünschte Richtung zu treiben. Die Hunde springen dabei von hinten und, immer wieder die Seiten wechselnd, rechts oder links an den Schafen vorbei. Ist ein Flock von ihnen zusammengedrängt, weil er in den Pferch soll, wechseln die Hunde die Gangart. Der Kopf senkt sich, die Tiere scheinen kriechen zu wollen, obwohl sich ihr Tempo auch in diesem Schleichtrab kaum verlangsamt. Gehorsam rücken die Schafe voran, die Köpfe allesamt von dem Hund, der sie zusammenzwingt, abgewandt.

Nur Sekunden dauert das, und keinen Befehl hat der Gaucho dazu erteilen müssen. Keine Unruhe zeigen die Schafe und keine Anstrengung der Hund, der jetzt wieder seine Position hinter der Herde einnimmt und alles im Blick hat. Spitz deutet die Schnauze zwischen den nach oben ragenden Schulterblättern auf den Boden, die Augen konzentriert nach vorn gerichtet – Einschüchterung genug, um seine Schutzbefohlenen in die gewünschte Richtung zu drängen.

Die Faszination, die von der scheinbaren Leichtigkeit dieser Leistung ausgeht, erfaßt uns schnell: Instinkt und Intelligenz von Mensch und Tier sind hier auf eine wunderbare Weise zur Bewältigung einer gemeinsamen Aufgabe koordiniert. Die meiste Arbeit haben die Hunde zu bewältigen, die Menschen vermitteln ihnen nur ihre Wünsche. Sie zu erfüllen bleibt den Tieren selbst überlassen. Allerdings gibt es einige Tabus: Zwicken und andere kleine Grobheiten sind noch erlaubt, Beißen, Greifen und wildes Fetzen dagegen sind verboten. Also bleibt den Hunden nur der Bluff: Drohgebärden, die ausreichen, die freiwillig niemals kooperativen Schafe zu lenken.

Die Schäferhunde Patagoniens scheinen das Talent für diese Arbeit schon mit der Muttermilch einzusaugen, als Erbe von einigen hundert Generationen der Hirtenhunde dieser Welt. Eine besondere Ausbildung erhalten sie nicht, sie lernen von den älteren Tieren und erwerben ihre Geschicklichkeit im Dienst. Bei den Hunden, die wir auf den vielen Estancias kennenlernen, gilt dies ohne Einschränkung durch die Abstammung der Tiere von irgendeiner bestimmten Rasse. Auf Rasse, zumindest im Sinne äußerer Gestalt, achten die Gauchos ohnehin nicht. Eine gewisse, den Herden Respekt einflößende Größe müssen die Hunde zwar haben, darüber hinaus ist nur ihre Eignung wichtig.

Die Wissenschaft spricht bei einem solchen biologischen Vorgang von einem „Heterosiseffekt": Ohne besondere züchterische Manipulationen durch die Menschen ist die große Wahrscheinlichkeit, daß Mischlinge robuster, lernfähiger, unproblematischer und anpassungsfähiger als reinrassige Tiere sind, zur Tatsache geworden. Darüber hinaus hat diese Kreuzungsvitalität sowohl die Widerstandskraft der Tiere gegenüber Krankheiten als auch ihre Fruchtbarkeitsrate erhöht.

Hier, im kargen Patagonien, müssen die Durchschnitts-Estancieros nicht nur harte Arbeiter, sondern auch gute Rechner sein. Federico zum Beispiel, Besitzer von Los Corrales, erwirtschaftet zusammen mit seiner Frau Graciela und dem Aufseher Rodrigo sowie noch fünf je nach Bedarf beschäftigten Gauchos jährlich knapp 10 000 Dollar — wenn nichts dazwischenkommt. Doch das kann schnell geschehen: Im Winter ein Jahr zuvor ist beispielsweise fast jedes vierte Schaf im Land verendet, entweder erfro-

Die Gauchos trainieren ihre Hunde nicht, sondern verlassen sich ganz auf deren angeborenen Hüteinstinkt. Mit stürmischer Begeisterung erledigen die Hunde ihre Arbeit.

PATAGONIEN

Patagonien heißt der Landstrich im äußersten Süden des amerikanischen Kontinents, beginnend etwa beim 39. Grad südlicher Breite. Die Grenze zwischen dem kleineren, chilenischen und dem wesentlich größeren, argentinischen Teil verläuft entlang der stark vergletscherten Kordilliere der Südanden, die Patagonien wie ein Rückgrat von Nord nach Süd durchzieht und in zwei klimatisch verschiedene Regionen teilt. Das chilenische West-Patagonien ist ein feucht-kühles und teilweise dicht bewaldetes Gebirgsland mit tiefen Fjorden und zahlreichen Inseln an der Küste. Das etwa 800 000 Quadratkilometer große argentinische Ost-Patagonien ist ein stufenweise zum Atlantik abfallendes Tafelland und war das Hauptgebiet unserer Expedition. In der Nähe der Anden finden sich noch zahlreiche Seen und tief in die Täler eingeschnittene Flüsse. Auf dem Hochland herrschen Steppen und Wüstensteppen vor.

Für Naturwissenschaftler ist dieses Land eine der etwa 200 biogeographischen Provinzen der Erde, einheitliche Lebensräume für typische Tier- und Pflanzengesellschaften. Hier in Patagonien haben sie sich alle an das trockene, niederschlagsarme Klima gewöhnt. Entdeckt wurde das Land 1520 von dem portugiesischen Seefahrer Fernando de Magallanes, der das Gebiet als Land der „patagones", der Großfüßer, benannte. Vielleicht entdeckte er als erstes Fußspuren von Indios, die sich ihre Füße mit Guanakofellen umwickelten. Etwa um 1780 begann allmählich die Besiedlung durch einwandernde Europäer und Nachfahren spanischer Conquistadoren aus dem Norden Südamerikas.

Da karge Böden und sturmartige Winde kaum Anbau von Nutzpflanzen zulassen, wird in diesem Gebiet, das zwar ein Viertel der Landmasse Argentiniens ausmacht, aber nur etwa drei Prozent seiner Einwohner beherbergt, vorwiegend Viehzucht (hauptsächlich Schafe, seltener Rinder) betrieben.

Die seit etwa 100 Jahren intensivierte Herdenhaltung hat nun trotz der Größe Patagoniens Veränderungen in Vegetation und Fauna zur Folge: Die domestizierten Tiere beanspruchen immer größere Mengen von Wasser und Nahrung und zwingen damit die freilebenden Pflanzenfresser in einen aussichtslosen Konkurrenzkampf. Im Gleichschritt mit deren Eliminierung sind die einheimischen Raubtiere gezwungen, ihre Beute unter den Herden zu suchen und leiten dadurch ihre eigene Vernichtung durch den Menschen ein.

Die Ureinwohner des Landes, patagonische Indianer-Stämme, wie etwa die Tehuelche, wurden bereits im vergangenen Jahrhundert von den Weißen beinahe vollständig ausgerottet, vornehmlich in den 1879 beginnenden Indianerkriegen des Generals Julio A. Roca, der in die Geschichte als „der Letzte der Conquistadoren" einging.

ren oder in Talmulden, die Schutz vorgaukelten, unter Schneewehen erstickt. Dabei traf es die Estancieros unterschiedlich hart: Manche hatten Glück und verloren nur fünf Prozent ihrer Herden, andere den gesamten Bestand. Federico zählte damals zu den Glücklicheren.

Daß er manche kleinere Herde noch in Sicherheit bringen konnte, verdankte er nicht zuletzt den Hunden. Zwar konnten auch sie nicht alle in den unendlichen Weiten verstreuten Tiere retten, aber sie taten ihr bestes. Zwei Stunden brauchten sie, um eine bedrohte Schar von 500 Schafen in den rettenden Pferch zu treiben. Für die Männer zu Pferd allein wäre dabei mindestens ein halber Tag vergangen – Zeit, die ihnen der harte Winter nicht gelassen hätte. Kein Wunder, daß Federico für seine Hunde sorgt wie für Familienmitglieder.

So zufrieden wie er sind nicht mehr alle der vielen kleinen Estancieros in Patagonien. Der Konkurrenzdruck und die oft schlechte Marktlage für ihre Produkte zwingt sie zu äußerster Effektivität und Rationalisierung, der manchmal selbst die Hunde zum Opfer fallen. Auf manchen Estancias besitzen nur noch die Gauchos Hunde, die sich im übrigen starrsinnig weigern, einen „neuen, noch besseren, rassereinen Herdentreiber", von dem sie gehört hatten, zu erproben.

Auch wir erfahren von der angeblich neuen Hunderasse zunächst nur in Form eines Gerüchts – typisch für Patagonien, dessen argentinischer Teil flächenmäßig dreimal so groß ist wie Deutschland. Nur eine knappe Million Menschen leben hier. Einige haben wir ken-

Das Leben in Patagonien ist hart, Verluste an Vieh können sich die Menschen nicht leisten. Die Kadaver erlegter Räuber wie Fuchs und Puma fungieren als makabre Mahnmale – eine trotzige Warnung an die noch Lebenden ihrer Art.

Wegen der kargen Böden werden in Patagonien nur wenige Rinder gehalten. Die widerstandsfähigen Muskelpakete verbringen ihr ganzes Leben in der Wildnis. Für die Hunde ist die Arbeit mit diesen Rindern eine ganz besondere Herausforderung.

nengelernt, aber viele andere haben über Funk, dem wichtigsten Kommunikationsmittel der Estancieros, von uns und dem Zweck der Expedition gehört.

Auf die neue Hunderasse sollten wir achten, kommt eines Tages die Botschaft über Kurzwelle. Aus Australien kämen die Tiere, wahrscheinlich seien es Kreuzungen mit Dingos, den Wildhunden des fünften Kontinents. Im Norden seien sie noch unbekannt, aber im Süden könnten wir sie finden. Wenig später liefert der Steppenfunk auch eine Adresse: Die Estancia Monte Dinero, gelegen am Cabo Virgines, tatsächlich der südlichste Punkt des kontinentalen Argentiniens, auf einem Breitengrad mit den Falkland-Inseln.

Einen Tag nach Heiligabend treffen wir dort ein und klopfen mit dem schlechten Gewissen von Störenfrieden an die Tür der Familie Fenton. Trotz Weihnachtsfest und Siestazeit werden wir sofort in die gute Stube des Haupthauses gebeten und erleben wieder einmal das „corazon patagonico", das patagonische Herz mit seiner überschäumenden Gastfreundschaft und Wärme.

DIE GAUCHOS

Ja, diese geheimnisvollen neuen Hunde gebe es hier. Ehe wir weiterfragen können, werden sie uns auch schon vorgeführt: Kelpies aus Australien, gezüchtet von Tochter Caroline. Sofort beeindruckt sie uns mit einer Vorstellung der Fähigkeiten dieser Schäferhundrasse auf einer nahe den Korralen gelegenen Weide, beinahe noch mehr aber im Haus mit der Präsentation der jüngsten Generation ihrer Zuchtbemühungen. Gerade vier Wochen alt sind die Welpen, als wir sie das erste Mal sehen. Munter wuseln sie in der Küche herum, black & tan (schwarz mit rotbraunen Abzeichen) oder rötlichbraun. Selbstbewußt erkunden sie unsere Schnürsenkel und alles, was sie hüpfend zwischen die kleinen scharfen Milchzähne bekommen können.

Caroline Fenton hat die Rasse in Australien kennengelernt, als sie für einige Monate dort arbeitete – und sich sofort in die Tiere verliebt. Daß sie „besser" seien als andere Hütehunde, glaubt sie nicht. Sie würden ihr persönlich nur besonders liegen. Mittlerweile hat sie auch ihren Vater, bislang Züchter häufig prämierter Border Collies, von der Qualität der Australier überzeugt.

Die Gauchos, die legendären, freiheitshungrigen einsamen Gesellen der weiten Steppe, sind als lebendiger Mythos tief im argentinischen Selbstbewußtsein verankert. Ursprünglich waren sie eher Außenseiter, die während der Frühzeit der spanischen Kolonialisierung im 17. Jahrhundert die Grenzen der damaligen Zivilisation überschritten und ein Leben in der Freiheit des noch unberührten Südens vorzogen. Mit der indianischen Bevölkerung lebten sie zunächst in friedlicher Koexistenz. So ist „Gaucho" ein Indio-Wort und bedeutet „Waise". Bis heute findet man unter den Gauchos wesentlich mehr Mestizen als in anderen Bevölkerungsgruppen.

Eine einschneidende Änderung des Gaucho-Lebens bedeutete die Zerteilung ihres einst grenzenlosen Lebensraumes in einzelne Estancias. Aus den freien Vagabunden wurden ungeliebte Landstreicher. Viele von ihnen gingen in die Armee, wo sie sich an der Vernichtung der Indianer beteiligten. Andere begannen als Hirten und Treiber der Viehherden auf den Estancias zu arbeiten – als südamerikanisches Gegenstück zu den Cowboys des Nordens. Als echte Machos verachten Gauchos bis heute feste Bindungen und haben nur in seltenen Ausnahmefällen geregelte Familienbeziehungen.

Charles Darwin lernte sie auf seiner Reise um die Welt im Jahr 1833 kennen und beschrieb, was noch heute zutrifft: „Die Gauchos sind dafür bekannt, vollendete Reiter zu sein. Die Idee, abgeworfen zu werden – mag das Pferd tun, was es will –, kommt ihnen niemals in den Sinn. Das Kennzeichen eines guten Reiters ist bei ihnen, wenn ein Mann ein ungezähmtes Füllen behandeln kann und wenn er, wenn sein Pferd stürzt, auf seine eigenen Beine zu stehen kommt."

Nur selten sind diese Reiter-Hirten auf den Estancias des Landes, den Höfen der Herdenbesitzer, dauerhaft beschäftigt. Viel häufiger verdienen sie, wie auch die Schafscherer, ihren Lebensunterhalt als Wanderarbeiter. Das hat ihre Lebensweise geprägt: Sie sind es gewohnt, mit wenig Gepäck weite Entfernungen zurückzulegen – auf ihrem Pferd, vielleicht noch begleitet von einem Packpferd und ihren Hunden. Zum Notwendigsten gehören Gewehr, Messer, die Boleadora (eine Fangschleuder indianischer Herkunft) und ihr Kochgeschirr. Zu diesem zählen die Utensilien für den Mate-Tee, der aus den gerösteten Blättern des Yerbabaums zubereitet wird. Das Trinken des anregenden Mate wird wie ein Kult zelebriert und gehört fast zu jedem Gespräch mit einem Gaucho dazu. Aus einem apfelsinengroßen getrockneten Kürbis wird der Mate durch ein kleines Röhrchen gesaugt, das am unteren Ende mit einem löffelartigen Sieb versehen ist. Darwin berichtete auch darüber und führte die vier Notwendigkeiten des Gaucho-Lebens „en el campo", im Felde, auf: „Futter für die Pferde und Hunde, Wasser für alle und den Mate, Fleisch und Feuerholz." Bis heute hat sich daran nichts geändert.

Kelpies, eine von drei australischen Schäferhund-Rassen, werden in ihrer Heimat seit etwa 100 Jahren gezüchtet. Inzwischen hat auch die Internationale Hunde-Föderation unter der Registriernummer 193 diese Hunde als eigene Rasse anerkannt. Als Arbeitshunde hüten etwa 80 000 von ihnen die rund 200 Millionen Schafe in Neuseeland und Australien. Ihrer Intelligenz und Ausdauer wegen werden sie nun mehr und mehr auch von Schafzüchtern in aller Welt geschätzt. Kelpies werden mittlerweile in den USA, in Kanada, in Kuwait

Patagonien ist Schafland. In den unendlichen Weiten der Steppe dienen die Hunde dazu, die Herden zu hüten und zu treiben. Die Gauchos sagen: „Meine Hunde sind meine Gefährten, ebenso wie mein Pferd und der Wind. Meine Hunde – sie sind meine rechte Hand!"

und in Argentinien, genauso wie auf Hawaii, in Kenia und sogar am Polarkreis in Schweden als Hütehunde eingesetzt. Dort gilt ihre Aufmerksamkeit den bis zu 20 000 Köpfe zählenden Rentierherden. Universalhunde sind sie, weil sie auch unter schwersten Bedingungen, unter glühender Sonne, in eisigem Schnee, bei Sturm und bei Regen ihre Herden nicht verlassen.

Ihre Leistungen sind beeindruckend. Wir überzeugen uns davon, als wir Caroline bei der Arbeit mit ihren Kelpies zuschauen. Ein Meer von wolligen Rücken wogt vor einem Hund, der an den Fersen der Herde klebt. Plötzlich gerät diese ins Stocken, irgendein Hindernis blockiert den Weg. Wie ein Gaucho sich in den Sattel schwingt, so springt der Hund auf das nächste Schaf und katapultiert sich von da aus, von Buckel zu Buckel, über die ganze Herde an die Spitze, um Ordnung zu schaffen.

Hochkonzentriert und mit unglaublicher Begeisterung sind sie bei der Sache. Im Vergleich zu der eher instinktiven, stürmischen Freude, mit der die patagonischen Hütehunde an ihre Arbeit herangehen, bieten die Tiere aus Australien Hohe Schule. Der Schlüssel zu diesem Unterschied liegt keineswegs allein in der Rasse: Caroline hat ganz bewußt das ausgetüftelte Erziehungs- und Trainingsprogramm von den australischen Hunde-Ausbildern übernommen.

Mit knapp zwanzig Kommandos kann sie exakt jede Bewegung ihrer Hunde lenken. Diese kreisen um die Herde links- oder rechtsherum, erstarren zu bewegungslosen Statuen, schleichen sich an oder stürmen vorwärts. Für jedes Kommando kann Caroline darüber hinaus einen speziellen Pfiff mit der gleichen Bedeutung einsetzen: Pfiffe tragen weiter und sprechen die Hunde klarer an als der Klang der menschlichen Stimme.

Der Erfolg dieser perfekten Hütetechnik erklärt sich vielleicht aus dem Ahnenerbe der Hunde. Im Grunde praktizieren die Kelpies die Jagdtechniken eines Wolfsrudels. Unter Wölfen kreisen die untergeordneten Mitglieder der Meute die gemeinsame Beute ein und treiben sie ihren Anführern zu – hier in Patagonien ist Caroline das Leittier für ihre Kelpies. Auf den letzten Schritt, das Töten der Beute, verzichtet sie natürlich.

Die Grundlagen ihres Verhaltens sind allen Hunden seit über 14 000 Jahren vererbt. Bei Gebrauchshunden hat die Zuchtselektion durch den Menschen bestimmte Einzelabläufe im Verhaltensrepertoire betont – bei den Kelpies zum Beispiel aus dem Funktionskreis der Jagd, die bei Wölfen noch als Gesamtvorgang abläuft, hier aber in ihre Einzelschritte zerlegt wird. Was die Kelpies in Perfektion beherrschen, gilt im Grunde für alle Hirtenhunde: Aus dem wölfischen Suchen, Entdecken, Anschleichen und Nachjagen ist bei ihnen Finden, Einordnen, drohendes Anschleichen und gezieltes Treiben geworden. Weggezüchtet und aberzogen sind ihnen die danach folgenden Verhaltenssequenzen einer Wolfsjagd: Packen, Töten, Verschleppen der Beute und Fressen. Brechen diese Instinkte bei einem der Hunde

Mit drei Kelpies, die Caroline aus Australien mitbrachte, hat sie in Patagonien ihre eigene Zucht aufgebaut. Der knapp sieben Wochen alte Welpe zählt zum jüngsten Zuwachs in ihrer Hundefamilie.

Noch ist dies in jeder Hinsicht ein seltenes Bild in Patagonien: eine junge Frau, ein Motorrad und Kelpies aus Australien. Caroline Fenton hat aus dem „Mekka der Schafzüchter" die moderne Hütekunst eingeführt.

dennoch einmal durch, muß er aus der Hütemeute genommen werden. Ein Hütehund, der Gefallen an der Jagd auf patagonische Hasen gefunden hat, ist für die Arbeit mit den Schafen nicht mehr zu gebrauchen.

Bei Carolines Hunden ist das noch nie vorgekommen. Dennoch machen sie nicht den Eindruck von perfekten Arbeitsmaschinen, sondern von liebenswerten Individualisten – mit genauso liebenswerten Schwächen. Tango zum Beispiel, Carolines Lieblingshund, hat ein Faible für Lämmer. Das kann sich draußen auf der Weide manchmal nachteilig auswirken. Zielstrebig sucht sich Tango das kleinste Lamm der Herde und läßt es, scheinbar völlig fasziniert, nicht mehr aus den Augen - und vergißt darüber manchmal glatt den Rest der Herde. Erst Carolines Kommandos bringen ihn dann in die Arbeitswirklichkeit zurück: Nur ein Blick noch auf das Lamm, dann treibt Tango die Herde weiter. Tatsächlich schreiben australische Schaffarmer dem Blick der Kelpies und Border Collies einen

Kelpies verrichten ihre Arbeit hochkonzentriert und scheinen die Schafe nur mit ihrem berühmten, beinahe hypnotischen Blick zu lenken.

Großteil ihrer Effektivität zu. Man sagt ihnen nach, einen fast hypnotischen Einfluß auf ihre Schutzbefohlenen zu haben. Tangos Leistungen haben uns diesen Eindruck bestätigt.

Er fällt uns übrigens nicht nur als vorzüglicher Schäferhund auf, sondern auch als potenter Vater. Die Welpen, die wir in der Küche der Fentons erlebt haben, stammen von ihm. Einer von ihnen begleitet uns nach dem Abschied von Monte Dinero noch einen Tag lang: Für 200 Dollar, eine beachtliche Summe angesichts der Tatsache, daß in Patagonien Welpen

normalerweise verschenkt werden, hat Caroline den Kleinen an die Familie einer Schulfreundin verkauft. „Es geht mir nicht ums Geld", versichert uns Caroline, „ich will nur, daß die Hunde den neuen Besitzern wirklich etwas wert sind." Da unser Rückweg an deren etwa 600 Kilometer entfernt liegenden Farm vorbeiführt, sind wir gern bereit, dem kleinen Kerlchen den Versand mit der Post zu ersparen.

Zehn Stunden dauert die Fahrt. Sie steht ganz im Zeichen des Hundes und bestärkt unsere stürmische Begeisterung für Kelpies: Nur zehn Minuten lang weint unser Gast seiner Mutter und der gewohnten Umgebung nach. Dann hat er sich gefaßt und macht es sich wie selbstverständlich in unserem Auto bequem. Eigentlich hätten wir ihn oder eins seiner Geschwister gern mit nach Deutschland genommen. Aber wer einmal Kelpies bei der Arbeit gesehen hat, dem wird sofort klar: Ein fröhliches Hundeleben kann diese Rasse nur führen, wenn ihr als „Grundversorgung" auch eine Schafherde anvertraut wird. Und wer kann die schon bei uns zu Hause bieten?

Die Berggipfel der Anden und die grenzenlose Weiten Patagoniens lassen Abenteurerherzen höher schlagen.

Bild linke Seite oben: Carolines Kelpies beherrschen die Hohe Schule der Hütehunde. Für Tango ist es ein leichtes, über die Rücken der Schafe hinwegzutanzen, um einen „Stau" an der Spitze der Herde aufzulösen.

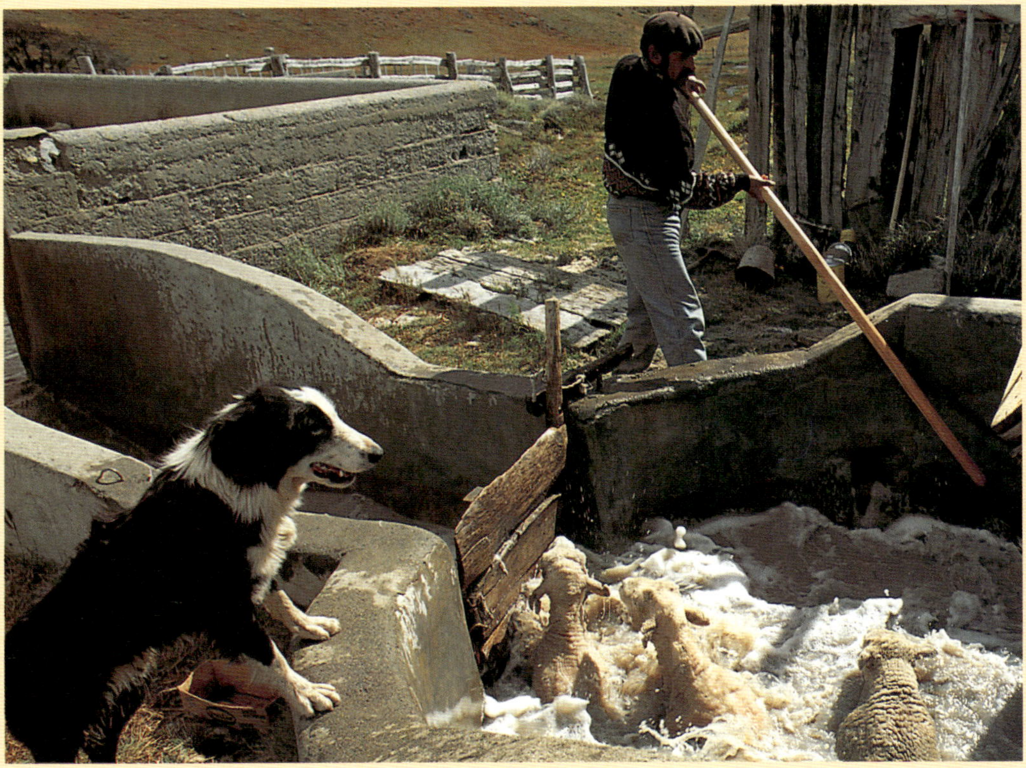

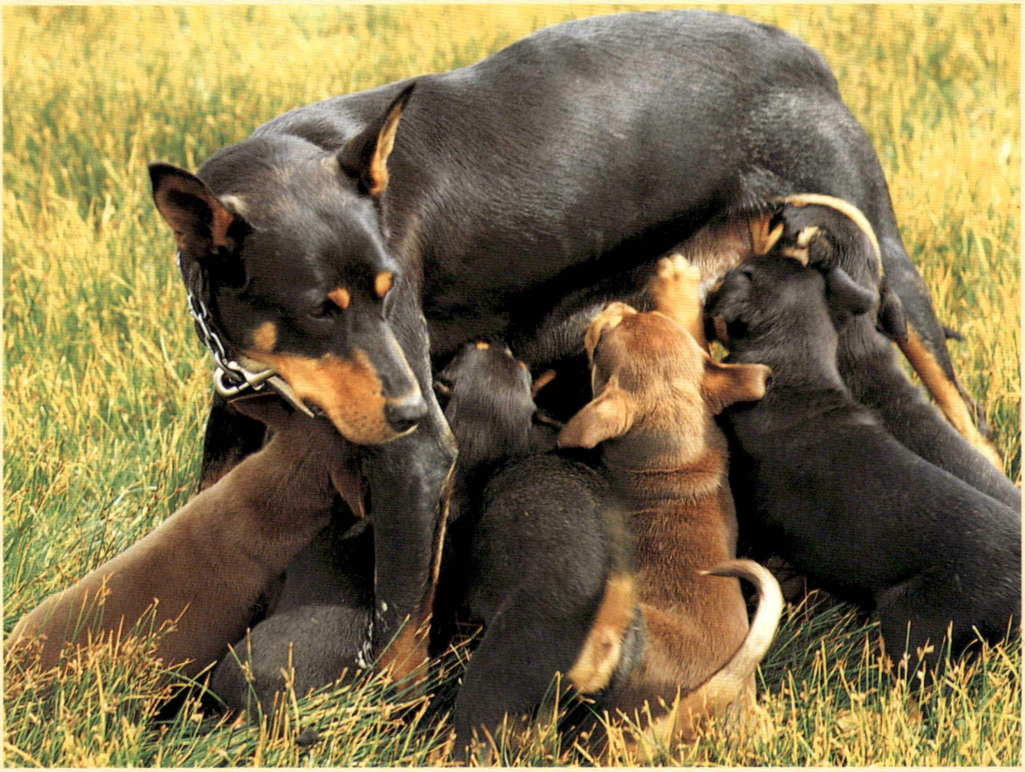

DER BORDER COLLIE

Die meisten Hunde patagonischer Gauchos tragen mehr oder weniger viel Border-Collie-Blut in sich. In Großbritannien und Irland ist der Border Collie seit Anfang dieses Jahrhunderts der beliebteste Hütehund. Er ist kleiner als unser Schäferhund, nur knapp über einen halben Meter hoch und 14 bis 22 Kilogramm schwer. Er wurde bereits im 18. Jahrhundert – vermutlich aus Kreuzungen einheimischer Collies mit kontinentalen Hütehundrassen, die mit den Schafen auf die Insel kamen – in der Grenzregion zwischen England und Schottland (border = Grenze) gezüchtet. Seine Wendigkeit, Ausdauer und Zähigkeit, gepaart mit Lernwillen, Intelligenz und der für Schäfer so wichtigen, unbedingten Folgsamkeit auf präzise Pfeif- oder Rufsignale hat ihn weit über die Grenzen des United Kingdom berühmt werden lassen. In Australien zählte er, bis der Kelpie ihn ablöste, für einen Schaffarmer zur „Grundausstattung". Kennzeichnend für den Border Collie sind sein geducktes Anschleichen, der „hypnotische" Blick aus den weit auseinanderstehenden großen Augen und das nie ermüdende Temperament. Zwar kann er auch als Familienhund gehalten werden, doch wird er, wenn er nicht ständig arbeitsmäßig gefordert wird, mürrisch oder gar bissig und ist deshalb nur für Menschen zu empfehlen, die ihm viel Zeit widmen.

Zunächst in England, inzwischen auch in ganz Europa und den USA, hat er sich in zwei weiteren „Berufen" an die Spitze aller Rassen gesetzt. In Agility, einer Hundesportart, sind Border Collies bei weitem die häufigsten Sieger. Und in Obedience, einem Gehorsamswettbewerb, gewinnen sie ebenfalls nahezu alle Konkurrenzen. Der Border Collie hat ein harsches, dichtes Deckhaar, das um den Nacken eine Mähne bildet. Das Fell ist rot, blau marmoriert, dreifarbig, schwarz-weiß, braun oder schwarz.

Kontakt:
Club für Britische Hütehunde
Jürgen Baldauf
Burgerlandstraße 45
29227 Celle

DER KELPIE

Kelpies, jene mittelgroßen Hütehunde aus Australien, setzer sich bei Schafzüchtern in aller Welt immer mehr durch – in Patagonien gibt es sie erst seit einigen Jahren und nur vereinzelt. Das Fell ist kurz, glatt, einfarbig oder gefleckt in den Farben Schwarz, Braun, Rötlich oder Bläulichgrau.

Oft weist das Fell rote Abzeichen auf, was zu dem Irrglauben geführt hat, daß australische Farmer einheimische Dingos in die schon vor etwas mehr als 100 Jahren begonnene Kelpie-Zucht eingekreuzt hätten. Dafür fehlen aber alle Beweise. Für möglich halten es Kynologen allerdings, daß es in den Weiten des Outback, dem Wilden Westen des fünften Kontinents, auf den Farmen gelegentlich zu Verpaarungen zwischen Dingos und Kelpies gekommen ist. Daß einer solchen Kreuzung menschliche Absicht zugrunde lag, ist eher unwahrscheinlich, denn Australiens Schafzüchter hassen die Dingos genauso wie ihre Kollegen in Patagonien Fuchs und Puma.

Urahnen der Kelpies sind vermutlich vor allem schottische Collies, die etwa um 1860 nach Australien gebracht und dort mit anderen Schäfer- und Hütehunden gekreuzt wurden. Einer der ersten Züchter, ein Farmer namens Gleason, soll wenige Jahre später aus dem seinerzeit schon berühmten Zwinger der Familie Rutherford eine Zuchthündin gegen ein Pferd eingetauscht haben. Er nannte sie Kelpie, was auf Gälisch, der alten schottischen Sprache, „Geist des Wassers" bedeutet – und gab so der sich langsam entwickelnden Rasse ihren Namen, denn Gleasons Kelpie, später King's Kelpie genannt, gewann 1870 in Forbes den ersten Schäferhund-Wettbewerb Australiens.

Kelpies, die mit ihrem kurzen, wetterbeständigen Haarkleid extrem pflegeleicht sind, benötigen unbedingt die Freilandhaltung. Als Wohnungstiere sind sie nicht zu empfehlen.

GRÖNLAND

scheinlich in Ostasien entstanden. Als Begleiter der Menschen auf ihren Wanderschaften mußten sie sich den jeweils herrschenden Umweltbedingungen anpassen, und irgendwann erreichten sie so den äußersten Norden Eurasiens und Amerikas.

Russische Laikahunde, nordische Spitze, japanische Shiba-Inu und chinesische Chow-Chows stellen heute einige ihrer auf dieser Weltreise seßhaft gewordenen Verwandten dar. Der australische Dingo repräsentiert als Nachkomme einen anderen Zweig dieser Ur-Hunde. Die Vertreter dieses Zweiges hatten sich mit anderen Menschen zwar auch auf die Reise begeben, aber in die entgegengesetzte Richtung. Die im Norden angekommenen Tiere bezeichnet man inzwischen als Siberian Huskies, Alaskan Malamutes, Samojeden, Canada Eskimo Dogs und Grönlandhunde.

Eskimo-Hunde werden alle diese Rassen, die sich vor allem als Schlittenhunde auszeichnen, pauschal genannt. Geographisch ist ihnen damit eine etwa 7500 Kilometer lange und 2500 Kilometer breite Heimat zugewiesen – so groß ist der Lebensraum der verschiedenen Völker, die wir Eskimos nennen und die sich selbst als Inuit, als „Menschen", bezeichnen.

Die weißen Eroberer und Entdecker sahen das anders, als sie vom Ende des 19. Jahrhunderts an geradezu süchtig zu den Erdpolen, vor allem dem nördlichen, strebten. Gesindel seien die Ureinwohner, und verächtlich schrieb der berühmte norwegische Polarforscher Fridtjof Nansen 1888: „Die so ungastliche und nur von wenigen heidnischen Eskimos bewohnte Küste (Grönlands) ist kein beneidenswerter Winteraufenthalt." 1930 klagte der deutsche Grönlandforscher Alfred Wegener in seinem Tagebuch: „Weiter als zwei Minuten denkt der Grönländer nicht voraus: Die Deutschen werden schon Rat wissen."

Auch die Hunde, die sie einsetzten, kamen bei manchen der Forscher aus dem Süden nicht gut weg. Bereits der deutsche Naturforscher Georg Wilhelm Steller (1709-1746) notierte äußerst abfällig über seine Helfer: „Die Hunde sind sehr leutescheu. Zu ihrem Herrn haben sie keine Liebe und Treue. Man muß sie mit List vor den Wagen spannen." Und Fridtjof Nansen schrieb über die Tiere, die ihm auf seinen Expeditionen mehrfach das Leben retteten: „Schufte: Kein Tag vergeht ohne Kampf. Nicht eine Spur von Ritterlichkeit steckt in den Kötern" – und verwendete sie weiter. Denn die meisten der Forscher und Abenteurer wußten in Wirklichkeit nur zu gut um den Wert der Hunde im ewigen Eis.

Nur einer von ihnen wollte schließlich ganz auf sie verzichten. Entgegen aller Warnungen hatte Scott den Wettlauf um die Eroberung des Südpols mit Motorschlitten und Ponys gewinnen wollen. „Ein Pony verrichtet mindestens die Arbeit von zehn Hunden", meinte er. Eine Fehleinschätzung, die er und alle Mitglieder seiner Expedition mit dem Leben bezahlten. Die Motorschlitten hatten schnell ihren Dienst versagt, die Ponys waren im eigenen Schweiß erfroren - zuletzt unterlagen schließlich die Menschen im Kampf gegen die Eiswüste. Als man den Sieger in diesem Wettstreit und Eroberer des Südpols Roald Amundsen später nach dem Grund für seinen Erfolg und Scotts Katastrophe befragte, antwortete er trocken: „Wir hatten Hunde – sie nicht."

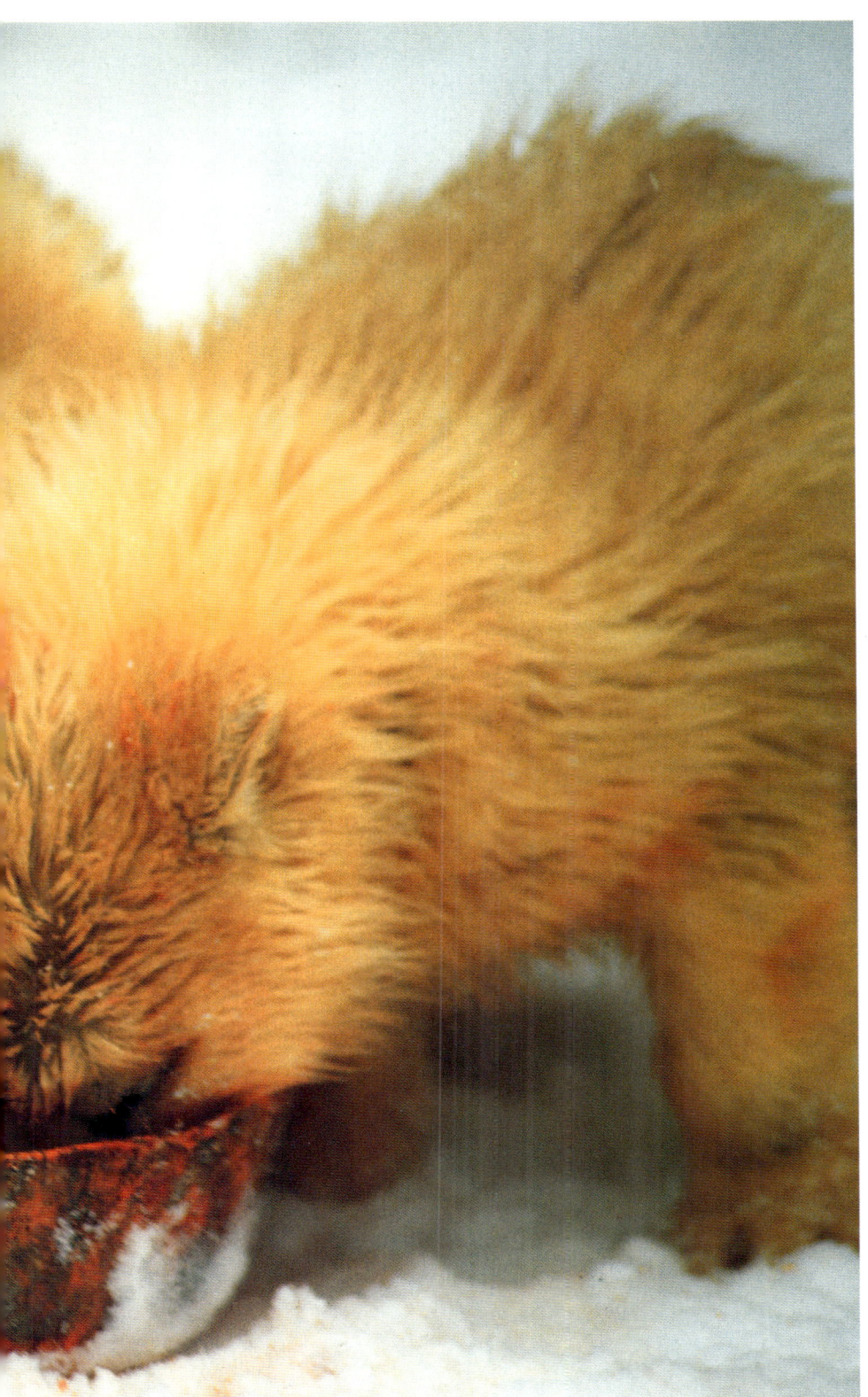

Die Welpen erhalten oft Innereien von Robben. Die darin besonders reich enthaltenen Vitamine und Mineralien sind für das Heranwachsen der jungen Hunde unverzichtbar.

Uns hatte man vor den Hunden gewarnt: Wild und aggressiv seien die Grönlandhunde, sogar Kinder würden sie töten, wenn diese am Boden lägen und in dieser Position einer Robbe ähnelten. Was wir sehen, ist das Gegenteil: Selbst Kleinkinder spielen mit den Schlittenhunden der Familie, nicht nur mit den Welpen, sondern auch mit den erwachsenen. Keinen einzigen Angriff erleben wir, sondern nur Begegnungen, bei denen die Tiere freundliche, fast begeisterte Ergebenheit zeigen, dankbar für jede Streicheleinheit.

Der Schlittenführer lenkt sein Gespann mit verschiedenen Kommandos. „Dama - los geht's", ist der Befehl, den die Hunde am liebsten hören.

Natürlich sind die Grönlandhunde keine Schmusetiere in unserem Sinn. Menschen, die sich in einem so lebensfeindlichen Land behaupten müssen, können sich solchen Luxus nicht leisten. Die Hunde sind allein dazu bestimmt, den Menschen das Leben in diesen Breiten zu ermöglichen. Dafür werden sie geachtet, geliebt und gezüchtet – nicht auf Äußerlichkeiten hin, wie dies in der industrialisierten Welt per Standard vorgeschrieben ist, sondern nur auf Leistung. Denn die stellt hier im Norden für die Menschen zusammen mit dem Vorkommen tierischer Beute die einzige Lebensversicherung dar, die sie haben. Die Hunde sind Gefährten, denen man das gleiche zumutet wie sich selbst. Hier gilt noch die uralte Verheißung, die wohl am Anfang des Bundes zwischen Mensch und Hund stand: Indem beide Arten zusammenleben, mehrt jede mit dem eigenen Nutzen auch den der anderen.

Für Landesunkundige mag das grausam wirken, als Gleichgültigkeit mißverstanden werden – tatsächlich aber pflegen die Eskimos mit ihren Hunden einen Umgang, der in Jahrtausenden erprobt und von Hund und Mensch für gut befunden wurde. Rasmus, dem Fischer und Jäger, können wir dabei zuschauen.

Rasmus lebt in Uummannaq, einer für grönländische Verhältnisse „richtigen" Stadt mit 1300 Einwohnern auf der gleichnamigen Insel, ca. 70 Grad nördlicher Breite. Hier gibt es das dickste Meereis der Welt, und mehr als sieben Monate liegen jedes Jahr die Fischerboote im zugefrorenen Hafen – eine Zeit, in der die Hundegespanne härteste Arbeit leisten müssen. Bisweilen sinkt das Thermometer auf 50 Grad minus.

Jetzt, im April, sind es noch immer 20 Grad unter Null – der trockenen Luft wegen gut zu ertragen von den Menschen in den warmen Seehund- oder Eisbärpelzen und von den Hunden, denen jetzt schon allmählich das Winterfell ausfällt. Schon die Welpen müssen sich diesen Temperaturen anpassen. Wie überall auf Grönland leben sie auch bei Rasmus von Geburt an im Freien, nur durch eine einfache Wurfkiste aus Brettern ein wenig vor Wind und Wetter geschützt. Die Tiere sollen sich an die harten Lebensumstände von Anfang an gewöhnen, sonst sind sie später ihrer Aufgabe nicht gewachsen. Stirbt ein Welpe bereits an dieser ersten Hürde seines Lebens, so hätte er die später folgenden und ungleich größeren Strapazen ohnehin nicht überlebt – Auslese, wie sie auch die Natur vornimmt. In Jahrtausenden hat sie den Grönlandhunden ihre Widerstandsfähigkeit verliehen.

Nur in ihren ersten sechs Lebensmonaten gehört den Hunden von Rasmus die Freiheit: Sie dürfen toben und spielen, vor allem mit den Kindern, die sie auf dem Arm tragen, wie die Kinder bei uns ihre Puppen oder Teddys. Doch bald ziehen auch die Welpen schon kleine Spielzeugschlitten und werden spielerisch mit den Kommandos vertraut gemacht, die sie später ihr ganzes Leben lang hören werden: „illi-li illi-li", nach rechts, „iu iu", nach links, „jiup jiup", schneller und „ai ai" halt.

Das schönste Kommando aber heißt „dama" – los geht's! Dann saust Rasmus auf seinem von 15 erwachsenen Hunden gezogenen Gespann über blankgefegte Schneefelder oder rumpelt über vom Eisdruck zusammengeschobene Schollen. Wie ein Fächer breiten sich die Hunde an ihren Leinen vor ihm aus. Dies ist eine der beiden Methoden, Schlittentiere in den Spann zu nehmen. Sie ist typisch für Grönland, denn hier können dem Gespann keine Bäume

Ununterbrochen ist in den Siedlungen das Heulen der Schlittenhunde zu hören. Schon beim kleinsten Anlaß eröffnet einer der Hunde das Konzert.

GRÖNLAND

Die größte Insel der Welt ist mit ihren 2,2 Millionen Quadratkilometern Fläche etwa 50mal so groß wie ihr Mutterland Dänemark. Grönland erstreckt sich zwischen dem 60. und 83. nördlichen Breitengrad vor der amerikanischen Ostküste. Über 80 Prozent der Fläche sind ganzjährig von einem Eispanzer bedeckt, der bis zu 3200 Meter dick ist. Eifrige Statistiker haben errechnet, daß der Wasserspiegel der Weltmeere um über sechs Meter ansteigen würde, brächte eine Klimaveränderung diese Eismasse zum Schmelzen.

Ein etwas vorteilhafteres Klima hat dort wohl geherrscht, als der Wikinger Erik der Rote 982 als erster Europäer die Insel entdeckte und sie „Grünes Land" taufte. Allerdings war er nicht ganz freiwillig gekommen: Weil er in Island einen Mann erschlagen hatte, wurde er für drei Jahre als vogelfrei erklärt und mußte das Land verlassen. Und in Island lebte seine Familie auch nur, weil schon sein Vater aus dem gleichen Grund zuvor Norwegen hatte verlassen müssen. Als Erik der Rote seine Strafe verbüßt hatte, kehrte er nach Island lediglich zurück, um weitere Siedler für seine neue Insel zu werben. Noch im selben Jahr, 985, brach eine Armada von 25 Schiffen auf, von denen allerdings nur 14 Grönland erreichten. Im Süden der Insel gründeten die Wikinger eine feste Kolonie. Epidemien, Klimaverschlechterung oder – unwahrscheinlicher – Streit mit den nördlich siedelnden Inuit: Das plötzliche Verschwinden der Wikingerkolonie von Grönland gut 400 Jahre später ist bis heute ein Rätsel.

Die nächsten Europäer erreichten erst Jahrhunderte später die „Grüne Insel". Im 17. und 18. Jahrhundert waren es vor allem die Walfänger, die Grönland anliefen. Der aus dem Walfett gewonnene Tran ließ Europas Lampen brennen und hatte eine ähnliche Bedeutung wie heutzutage Erdöl. Aber auch Forscher und Abenteurer wurden zunehmend von der Insel angezogen. Erst 1888 gelang es als erstem dem Norweger Fridtjof Nansen, das grönländische Inlandeis zu durchqueren. Bei dem Versuch, die gewaltige Eismasse im Jahresverlauf zu erforschen und gar in deren Mitte zu überwintern, kam 1931 der angesehene deutsche Polarforscher Alfred Wegener ums Leben. Auch der bedeutendste Sohn Grönlands, Knud Rasmussen, gehört in diese Reihe der herausragenden Erforscher Grönlands.

Im 18. Jahrhundert gründeten die Dänen entlang der Westküste Handelsstationen, die schließlich zur Gesellschaft KGH (Kongelige Grønlandske Handel) zusammengefaßt wurden, die bis 1950 das Handelsmonopol hatte. Grönland wurde so zu einer Kolonie Dänemarks und 1953 ein integrierter Bestandteil des dänischen Reiches, seit 1979 aber unter eigener Verwaltung.

Wirtschaftliche Bedeutung hatte vor allem der Abbau des seltenen Minerals Kryolith, das für die Aluminiumherstellung gebraucht wurde. Die Vorkommen sind inzwischen erschöpft. Die Erschließung weiterer Bodenschätze ist wegen der klimatischen Bedingungen kaum rentabel und für die empfindliche arktische Natur gefährlich. Seit den 50er Jahren gewährt Dänemark jedes Jahr erhebliche Zuschüsse. Heute spielen Schaf- und Rentierzucht eine gewisse Rolle bei der Versorgung der 55 000 Einwohner, vor allem aber die Fischerei in den ergiebigen Fanggründen. Fischfabriken gibt es fast überall im Land, Einnahmen erzielt Grönland darüber hinaus durch den Verkauf von Fischereirechten an die EU. Die Familien der Jäger und Fänger leben bis heute im wesentlichen als Selbstversorger von Robbenjagd und Fischfang.

in die Quere kommen. Für Grön-
landgespanne besteht dafür ein
anderes Risiko: Die Hunde können bei ihrem Lauf über das Eis
einbrechen. Im Fächergespann
reißt ein verunglückter Hund die
anderen jedoch nicht mit sich,
sondern kann meistens an der eigenen Zugleine gerettet werden.
Im Tiefschnee hat der Fächer den
Nachteil, daß jeder der Hunde seine eigene Spur ebnen muß, doch
weiche Schneefelder sind in
Grönland selten. Bei der zweiten
Anspannungsart, der Feder, sind
die Hunde rechts und links ent-

lang einer Führungsleine angeschirrt. Sie wird in Waldgebieten oder im Gelände mit
Hindernissen und engen Pfaden verwendet – Bedingungen, wie sie beispielsweise im arkti-
schen Amerika vorherrschen. Hier bei Uummannaq können die Tiere immer in der breiten
Fächerformation laufen.

Rund 120 Kilometer in elf Stunden legen wir bei einer solchen Fahrt mit Rasmus
zurück. Wir begleiten ihn zu seinem Vater Jonas nach Illorsuit. Nanok, der „Eisbär", führt
Rasmus' Meute an, hinter ihm, in der Mitte, laufen die stärksten und an den Seiten die
schwächeren Hunde. Anfangs sind die Hunde schnell und scheinbar unermüdlich. Nach einer Weile hängen ihnen die Zungen heraus, das Tempo läßt ein wenig nach, und die Tiere finden ihren gewohnten Dauertrab.

Rasmus hat alle Tiere im Auge, ebenso wie die Umgebung. Will er die Richtung än-
dern, greift er zur Hundepeitsche, ein ca. 60 Zentimeter langer Stiel – genau der Armlänge
des Zugführers angepaßt – mit einem rund fünf Meter langen Riemen aus Robbenleder daran. Jeden einzelnen Hund kann Rasmus zielgenau damit treffen, wenn er das will. Meistens
nutzt er den verlängerten Arm nur, um die Aufmerksamkeit im Gespann aufrechtzuerhalten
oder um es in die gewünschte Richtung zu dirigieren. Dennoch haben die Tiere gewaltigen
Respekt vor dem sausenden Riemen. Ein paar Mal wird unterwegs eine Pause eingelegt – den
Zeitpunkt dafür bestimmen die Hunde selbst. Dann gibt es ein paar Brocken Pemmikan, Trok-
kenfutter. Den Durst hat die Meute schon unterwegs gestillt: Während des Laufens fressen die
Tiere Schnee.

Als wir in Illorsuit ankommen, kümmert sich Rasmus, noch bevor er seine Familie
begrüßt, um seine Hunde. Sorgsam kontrolliert er, ob sie sich an scharfen Eiskanten die

Über sieben Monate im Jahr ist das Meer um Uummannaq zugefro-ren. Der Winter ist die Zeit der Schlittenhunde. Die Gespanne sind nun direkt auf dem Eis ange-bunden und jederzeit startklar für ihren näch-sten Einsatz.

Pfoten wundgelaufen haben oder ob sich Schnee im Fell zwischen den Zehen verklumpt hat. Erst dann erfolgt die knappe Begrüßung zwischen Vater und Sohn: Grönländer tragen ihr Herz nicht auf der Zunge, Gefühle werden eher durch kleine Gesten gezeigt als mit großen Worten ausposaunt. Und bezeichnend ist, daß sich das erste Gespräch zwischen Rasmus und Jonas um die Hunde dreht. Schon zeigt der Ältere dem Jüngeren voller Stolz die nächste Generation seiner eigenen Tiere. Bald darauf lernen wir auch die erwachsenen Tiere kennen: Jonas nimmt Rasmus und uns mit zum Robbenfang.

Manchmal findet die Jagd auf eine der sechs Arten dieser Meeressäuger, die in den Gewässern um Grönland leben, noch mit Harpune, Lanze oder Netzen statt, meist aber mit dem Gewehr. Im Gegensatz zu den tief am Meeresgrund treibenden Fischnetzen hängen Robbennetze direkt unter dem Eis. Sie sind klein und werden in der Nähe von Atemlöchern ausgebracht.

Diese sind gerade groß genug, daß die Robbe für ein kurzes Schläfchen aufs Eis schlüpfen kann – und oft genug werden sie vom Schnee verweht. Jonas kennt zwar die Atemlöcher, aber die Hunde spüren sie auch

Grönlandhunde sind beliebte Spielkameraden der Jüngsten. Häufig sieht man sie Welpen herumtragen wie Kinder bei uns ihre Puppen oder Teddybären. So lernen Menschen wie Hunde hier von Anfang an, miteinander umzugehen.

ohne seine Hilfe selbst in dieser ungeheuer großen weißen Ebene auf, ohne Ausbildung oder Abrichtung für diese Aufgabe. Auch als Jagdgehilfen haben sie sich bewährt.

Robben zählen zu den wichtigsten Beutetieren der Grönländer, dazu kommt im Sommer die Jagd auf Wale. Auch Eisbären werden gejagt, doch die leben vor allem im Norden und Osten. Moschusochsen ebenso wie Rentiere, die aus Skandinavien auf die Insel reimportiert wurden, nachdem sie hier bis zur Ausrottung gejagt worden waren, kommen dagegen nur im Süden vor. Die Abwanderung von Fischen und Robben aus den Küstengewässern (wegen Schwankungen der Meerestemperaturen um weniger als ein Grad) war in Grönland immer ein Problem und hat zu vielen Hungersnöten geführt. Der Fischfang hat erst in den letzten Jahren die Robbenjagd in ihrer Bedeutung fast überholt, weil sich die Fische auch

ESKIMOS – DIE INUIT

Die Vorfahren der Inuit stammen aus Asien, vermutlich aus der Mongolei. In mehreren Schüben wanderten sie nach Nordamerika. Es gilt heute als erwiesen, daß der Wasserspiegel vor rund 12 000 Jahren so niedrig war, daß sich an der heutigen Beringstraße eine Landbrücke gebildet hatte. Der Grund für die Volkswanderung liegt im dunkeln, Stammesfehden mögen eine Rolle gespielt haben. Auf der Suche nach neuem Lebensraum wanderten einzelne Gruppen in verschiedenen Perioden bis nach Grönland. Schon die sogenannte Saqqaq-Gruppe, die Grönland vermutlich um das Jahr 2000 v. Chr. besiedelte, hielt nachweislich Hunde, deren Knochen denen der heutigen Schlittenhunde sehr ähnlich sind. Allerdings überlebten alle diese Volksgruppen nur einige Zeit auf Grönland und starben dann wohl infolge klimatischer Veränderungen wieder aus. Die Vorfahren der heutigen Grönländer kamen vor 1000 n. Chr. auf die Insel.

Der grönländische Forscher Knud Rasmussen bereiste bis zu seinem Tod 1933 unermüdlich mit dem Hundeschlitten den Lebensraum sämtlicher Inuit in Grönland, in der amerikanischen Arktis und in Sibirien. Er befuhr damit in umgekehrter Richtung deren ursprünglichen Wanderweg und bewies als erster, daß sie tatsächlich miteinander verwandt sind und – in nur leicht unterschiedlichen Dialekten – dieselbe Sprache sprechen.

Die westliche Zivilisation gab ihnen den Namen Eskimo, ein Indianerwort, das die Weißen bereits im frühen 19. Jahrhundert von den Cree in Kanada übernommen hatten. Bei den Cree, einem der etwa 20 Stämme der nordamerikanischen Algonkin-Indianer, bedeutet „escee" unerträglich, „mau" steht für Menschen.

Unerträglich fanden es die Cree, daß dieses an ihre Stammesgründe grenzende Volk rohes Fleisch aß – so entstand, auch in anderen Algonkin-Dialekten zum Beispiel als „wiyaskimowok", die Bezeichnung „Rohfleischesser". Die Betroffenen selbst nennen sich Inuit, Menschen (Sing.: Inuk), und schauten damit ebenfalls auf ihre Nachbarn herab, die sie ihrerseits als minderwertig betrachteten. Lange empfanden sie den Begriff Eskimo als diskriminierend. Mit ihrem neu erwachten Bewußtsein für ihre ethnische Identität stehen sie aber mittlerweile dazu, daß das Essen von rohem Fleisch und Fisch tatsächlich ein wichtiger Bestandteil ihrer Kultur ist und akzeptieren größtenteils – manchmal sogar mit einem gewissen Stolz - die Bezeichnung Eskimo.

Im Gegensatz zu anderen Inuit-Völkern sind die Grönländer christianisiert – ein Ergebnis von Missionsreisen, die schon im Mittelalter begannen. Im 17. Jahrhundert, als alljährlich Walfänger nach Grönland kamen, begann eine Vermischung der grönländischen Inuit mit Europäern. Noch heute tragen viele von ihnen europäische Namen.

Durch den wachsenden Einfluß der Industriegesellschaft hat sich der traditionelle Lebensstil der Inuit verändert, die ethnische Identität dieses Jägervolkes ist gefährdet – dank einer vorsichtigen Politik des Mutterlandes Dänemark allerdings in Grönland in geringerem Maße als in Nordamerika oder im Bereich der ehemaligen Sowjetunion.

Die Hunde lieben ihre Arbeit im Gespann. Bei jeder Ausfahrt betteln alle Hunde lautstark darum, mit hinaus zu dürfen. Meist führen ein oder mehrere Hunde an etwas längeren Zugleinen das Gespann.

an die kleinen Fischfabriken verkaufen lassen, die von der dänischen Handelsgesellschaft überall im Land errichtet wurden. Als „Beifang" gehen dabei immer wieder auch Haie ins Netz oder an die Haken.

Verschwendung kann man sich hier nicht leisten. Auch der eher ungewollt gefangene Eis- oder Grönlandhai *(Somniosus microcephalus)* wird verwertet – als Futtertier für die Hunde. Für Menschen ist das Fleisch des Grönlandhais bei richtiger Behandlung zwar nicht gefährlich, aber es schmeckt nicht gut. Das mag an dem hohen Harnstoffgehalt im Gewebe der Eishaie liegen. Durch die Veränderung der Salzkonzentration in seinem Körper kann sich der Hai den jeweiligen elektrolytischen Verhältnissen des Wassers in seinen unterschiedlichen Jagdgebieten anpassen, ob kurz unter der Oberfläche oder in einigen hundert Metern Tiefe.

Frisch darf sein Fleisch deshalb von den Hunden allerdings nicht verzehrt werden, es wirkt wie Alkohol, manchmal sogar tödlich. Nur mindestens drei Monate abgehangenes Fleisch sollte an die Tiere verfüttert werden. Doch selbst „das gut getrocknete Haifleisch ist gefährlich. Die Hunde bekommen danach Krämpfe, besonders, wenn sie sehr abgemagert sind, vertragen sie nur ein kleines Stück täglich." So beschrieb der Grönlandforscher Alfred Wegener in einem Tagebucheintrag vom 20. August 1930 seine Beobachtungen, die er hier in der Disko-Bucht während seiner letzten Reise machte. Wegener starb ein gutes Jahr später ca. 300 Kilometer von Uummannaq entfernt im Inlandeis.

Jonas und Rasmus hingegen können ihre wohlgenährten Hunde in der Not oder im Sommer, wenn die Hunde nicht arbeiten, mit dem entgifteten Fischfleisch füttern, und so bleibt das begehrte Robbenfleisch in der Regel den Menschen vorbehalten. Das beinhaltet die vom menschlichen Organismus benötigten Mineralien, und, vor allem in der meist roh verzehrten Leber, alle lebensnotwendigen Vitamine. Eine wertvolle Nahrungsquelle also, denn Gemüse ist ein seltener, teuer importierter Genuß auf Grönland. In den kurzen

Sommermonaten gedeihen in kleinen Selbstversorgergärten bestenfalls Radieschen und bisweilen Broccoli. Ohnehin sind es in der Regel nur die zugewanderten Europäer, die der Natur – häufig vergeblich - abzutrotzen versuchen, was diese hier nicht vorgesehen hat.

Jagd und Fang bestimmen auch heute noch wie vor Jahrtausenden Speisezettel und Tagesablauf der Menschen und ihrer Tiere, vor allem in den kleinen Siedlungen nördlich des Polarkreises. Allein für seine Meute von 15 Hunden braucht Jonas in dieser arbeitsintensiven Jahreszeit täglich rund 25 Kilogramm Fleisch oder Fisch, drei Pfund etwa pro Tier. Nur mit dem Schlittengespann kann er die Mengen heranschaffen, die er für seine Familie und seine Hunde braucht – wenn er Glück hat, sind es einige hundert Kilo bei einem einzigen Fang. Beim Rücktransport muß dann das Gespann pro Hund mehr als 30 Kilogramm ziehen.

Das Klima, die schweren Lebensbedingungen, die tägliche Jagd, die langen dunklen Winter und die kurzen Sommer haben nicht nur das Verhältnis von Mensch und Hund geformt, sondern auch die menschlichen Sozialstrukturen. Im Gegensatz zur Situation der Eskimos in Kanada, Alaska und auf dem Gebiet der ehemaligen Sowjetunion sind sie hier noch einigermaßen intakt, obwohl auch in Uummannaq der wachsende Einfluß der Industriegesellschaften vieles veränderte.

Dennoch haben die Grönländer noch nicht in dem Maß wie die anderen kleinen Völker des Nordens ihre ethnische Identität verloren. Noch haben sie ihre Kultur nicht vollständig auf dem Altar der Modernisierung geopfert. Noch leben sie mit ihren Hunden, während andere Eskimovölker mittlerweile fast ausschließlich Motorschlitten einsetzen. Auch Alkohol spielt hier nicht die Rolle, die Wodka und Whisky bei der Verelendung der Inuit von Amerika und Rußland hatten, wenngleich auch hier hin und wieder von Alkoholtragödien zu hören

Für die gemeinsame Arbeit im Gespann ist eine funktionierende Rangordnung im Rudel die unverzichtbare Voraussetzung. Mit Rangkämpfen oder unterordnenden Gesten wird diese soziale Ordnung immer wieder bestätigt.

Schon im Welpenalter beginnen die Tiere, spielerisch eine Hierarchie aufzubauen.

ist, vor allem aus der Gegend um Thule, weiter im Norden, wo die USA auf einer riesigen Militärbasis ihren Horchposten in der Arktis unterhalten.

In Illorsuit, der Siedlung, in der Jonas wohnt, stoßen wir auf ein Kuriosum: Auch die freiwillige Feuerwehr fährt zum Brand per Hundeschlitten aus – komplett mit Pumpenspritze, Sirene und Blaulicht. Sie ist äußerst effektiv, denn wer immer sein Hundegespann gerade eingeschirrt hat und den Klang der Sirene hört, muß es sofort der Feuerwehr zur Verfügung stellen und auf die eigene Jagdexpedition zunächst verzichten.

Ob Pflichttour zum Löscheinsatz oder Spritztour zum Robbenfang: Für die Hunde ist jede Fahrt vor dem Schlitten ein mit Ungeduld und Vorfreude erwartetes Ereignis. Wahrscheinlich begreifen die Tiere jede Formierung zum Fächer an ihren Zugleinen als den Auftakt einer Jagd mit dem Leithund vorweg – so wie es ihnen ihr alter Wolfsinstinkt eingibt. Damit dieser erhalten bleibt, greifen die Menschen in die regelmäßig stattfindenden Rangkämpfe im Rudel niemals ein.

Bei solchen Kämpfen kann es zu üblen Beißereien kommen, die gelegentlich arge Verletzungen zur Folge haben. Jonas versucht deshalb wie viele Grönländer im voraus den abzusehenden Schaden zu verringern. Mit einer scharfen Zange kneift er den noch jungen Hunden die Spitzen der scharfen Reißzähne ab. Nur einmal im Leben der Tiere ist diese Kappung notwendig. Und die Hunde vergessen die leidige Prozedur sehr schnell. Kommt es danach zu einem Rangordnungskampf im Rudel, können die verkürzten Zähne nur selten durch den dicken Pelz des Artgenossen dringen. Die Kappung hat sich als Schutz der Hunde vor den Folgen ihrer eigenen sozialen Spielregeln bewährt.

Diese Spielregeln sind relativ streng, weil sich die Tiere im Gespann oder während der Ruhepausen an der Leine niemals ausweichen können. Und die Hunde führen nach dem ersten halben Lebensjahr, wie das zirkumpolar bei fast allen arbeitenden Eskimohunden der Fall ist, ein Leben an der Leine. In Grönland ist das Anketten der Hunde ab diesem Alter sogar Gesetz. Einzige Ausnahme sind Muttertiere mit jungen Welpen. Den Grund dafür erfahren wir von Rasmus: Allein dadurch lasse sich verhindern, daß Tollwut und Staupe von den wilden Eisfüchsen auf die lebenswichtigen Hunde übertragen werden. Im Winter 1987/88, als die Staupe in Thule beinahe alle Hunde dahinraffte, waren die Jäger so lange auf Sozialhilfe angewiesen, bis – nach einem landesweiten Aufruf – Hunderte von gesunden Hunden aus anderen Distrikten mit Hubschraubern eingeflogen wurden.

Doch ein weiterer entscheidender Grund ist wohl auch, daß nur die angeleinten Hunde dem Menschen immer und sofort zur Verfügung stehen. Streiften sie frei umher, müßten sie erst gesucht, gerufen oder gar eingefangen werden. Ihre Erziehung wäre schwieriger, der Aufwand, der zu betreiben wäre, sehr viel größer. Und darüber hinaus würde das Risiko, daß die wertvollen Hunde von Eisbären gerissen werden, erheblich steigen.

So aber sind sich die Menschen ihrer unentbehrlichen Gefährten jederzeit sicher. Die Hunde haben sich seit mindestens tausend Generationen an dieses Leben gewöhnt und leiden nicht darunter, denn die äußeren Bedingungen ihres Lebens mit den Menschen sind längst ins vererbte Verhaltensrepertoire eingegangen: „Frei" gehaltene Grönlandhunde verlieren sehr schnell ein typisches Kennzeichen ihrer Art – die Sicherheit des sozialen Verhaltens im Ranggefüge, das für ihre Arbeit in der Meute so wichtig ist. Auf Gebote und Verbote, wie sie sich freilaufende Artgenossen im Zusammenleben mit dem Menschen eingeprägt haben, sind sie nicht eingestellt. Sie können sogar unsicher oder aggressiv darauf reagieren.

Bei den Hunden von Rasmus und seinem Vater Jonas haben wir folglich weder die eine noch die andere Eigenschaft beobachten können. Dafür lernten wir Tiere kennen, die uns die Erlebnisse des Grönländers Knud Rasmussen nachvollziehen lassen: „Wir haben miteinander geschuftet, wie das nur lebende Wesen gemeinsam tun können, mal gegen das unwegsame Packeis, mal in der Hetze der Jagd, stets aber am fröhlichsten, wenn wir von Hunger und Lust auf Fleisch schon ganz verkrümmt in der Ferne die Siedlung sahen."

Die Bedeutung, die der Hund für viele Völker in ihrer Entwicklung einmal gehabt hat, ist auf Grönland bis heute erhalten geblieben. Trotz all ihres Geschicks: Ohne die Anpassungsfähigkeit und Belastbarkeit ihrer Hunde hätten sich die Inuit die Polarwelt wohl nie als ihren Lebensraum erschließen können. Grönland war und ist ein rauhes und lebensfeindliches Land, aber auch eine faszinierende Herausforderung für den Menschen und seinen treuesten Helfer und Gefährten: den Hund.

DER GRÖNLANDHUND

Die kräftigen, ausdauernden Hunde der Inuit auf Grönland haben auch in anderen Ländern der Erde Liebhaber gefunden und werden deshalb neben Alaskan Malamute, Siberian Husky und Samojede auch außerhalb ihres eigentlichen Lebensraums als Rasse gezüchtet. Eine besondere Tradition haben sie in der Schweiz, wo sie nach dem Ausbau der Zahnradbahn aufs Jungfraujoch 1912 den Transport von Lebensmitteln und Postsendungen zur Station Eigergletscher bewerkstelligten. Durch die Vermittlung des Polarforschers Roald Amundsen erhielt die Bahngesellschaft sechs Grönlandhunde für diese Arbeit. Allerdings beging sie den Fehler, die Neuankömmlinge in einen gemeinsamen Zwinger mit den bereits vorhandenen Samojedenhunden zu stecken. Die Kämpfe überlebten allein die Grönlandhunde.

Die Tiere sind in ihrer Heimat bemerkenswert standorttreu und weisen nur selten Einkreuzungen anderer Rassen auf. Die wichtigste Ursache dafür ist eine gesetzliche Regelung, die die Haltung von Schlittenhunden allein auf das Gebiet jenseits des Polarkreises begrenzt. Hunde-Äquator wird er deshalb in Grönland genannt: Kein Schlittenhund darf ihn nach Süden hin überschreiten (einzige Ausnahme: die geographisch isolierte Jäger- und Fängergemeinde Ammassalik im Osten Grönlands), kein anderer Hund darf in den Norden gebracht werden. Mischlinge mit anderen Rassen sind deshalb weitgehend ausgeschlossen. Als die starken Polarhunde 1967 von der FCI als eigene Rasse anerkannt wurden, waren sie also bereits völlig typfest.

Gezüchtet sind sie eigentlich für die ausdauernde und harte Arbeit als Schlittenhunde. In entsprechendem Klima und Gelände sind sie auch noch als Jagdhundbegleiter tauglich. Nicht verwendet werden können sie dagegen als Wachhunde: Die an Menschen gewöhnten Tiere haben im Lauf ihrer Rassegeschichte keinerlei Wachtrieb entwickelt.

Wer einmal erlebt hat, wie wichtig für die Menschen und ihre spezielle Arbeit mit den Hunden ein unverbildetes Rudelverhalten ist, wird wenig Verständnis haben für eine kürzlich in einem TV-Interview gefallene Bemerkung des Oberammergauer Wildbiologen Prof. Wolfgang Schröder: „Das letzte, was ich sein möchte, ist Hund bei den Eskimos." Schröder bezog sich dabei auf die Haltung an Ketten und Riemen, die den Hunden keinen Freilauf ermögliche. Wir haben das auf Grönland anders erlebt: Den Freilauf, den Grönlandhunde brauchen und ersehnen, ist ihre Arbeit im Gespann.

Kontakt:
Deutscher Club für Nordische Hunde e.V.
Ralf M. Linzenmeier
Stüttgesgasse 2
52152 Simmerath

NAMIBIA

DIE HUNDE DER
ROTEN HIRTEN

„Mit einem glühenden Ast sandte einst Ndjambi Karunghe, der Schöpfer aller Dinge, einen Hund zu den Menschen. Seither lodert in ihren Lagern stets Okuruwo, die heilige Glut, und die Hunde dürfen zum Lohn bei deren Asche schlafen."

Überlieferung der Himba

Wenn Wahenuna morgens vor die Hütte tritt, beginnt sein Tag mit einem Ritual – der persönlichen Begrüßung seiner wichtigsten vierbeinigen Gefährten. Wahenuna ist der einflußreichste Mann des Krals, weil ihm die meisten Rinder gehören. Aber sein erster Weg führt ihn zu seinen beiden Hunden. Die tragen bedeutsame Namen: Hakoquoko, der dunklere, mahnt den Menschen: „Halte ihn an der Hand!", und Metunai, der hellere von beiden, verspricht: „Ich werde mit dir sterben!" In einem Land, in dem jede flüchtige Spur im Sand Glück oder Unglück bedeuten kann, sind auch Namen nicht nur Schall und Rauch, sondern Botschaften aus der Welt der Götter und der Ahnen.

Kaokoveld heißt dieses Land im äußersten Nordosten Namibias. Halbwüste, Wüste und Trockensavannen wechseln einander ab – erbarmungslos heizt die Sonne die Erde auf. Schatten spenden nur gelegentlich buschige Mopanebäume, Wasser findet sich nur in wenigen Flüssen, während der Regenzeit zudem in Schlammlöchern, sonst nur in die tief in die rote Erde gegrabenen Brunnen. Für Menschen und Tiere bedeutet dies, sich mit dem wenigen, was dieses lebensfeindliche Land zu geben bereit ist, zufriedenzugeben.

Die Himba haben es darin zur Meisterschaft gebracht. Traditionen und Rituale, Sitten und Sozialverhalten sind bei ihnen im Laufe der Jahrtausende so entwickelt worden, daß sich alles ganz selbstverständlich auch dem Ziel des Überlebens unterordnet. Selbst die Schönheitsrezepturen, die aus den ohnehin schon gutgewachsenen Gestalten mit den edel geschnittenen Gesichtern geradezu aufsehenerregende Erscheinungen machen.

Ruaquahirua und deren Schwester Uawethako, zwei Nachbarinnen von Wahenuna, weihen uns darin ein. Die beiden Frauen zerreiben und zerstampfen Roteisenstein, ein eisenoxidhaltiges, rotes Mineral, und vermischen das so entstandene feine Pulver mit Milchfett und Kräuterzusätzen zu einer Salbe, mit der sie dann Haare, Gesicht und Körper einreiben. Die leuchtende und sich allmählich auch auf die meisten Gebrauchsgegenstände übertragende Farbe erklärt, warum man dieses Volk auch „Rote Hirten" nennt.

Dabei entspringt das durchaus als schön zu bezeichnende Ergebnis dieser Schminkprozedur keineswegs allein einem ästhetischen Bedürfnis der Himba, sondern ist auch prak-

tischer Natur: Die rote Creme dient der Hautpflege, sie schützt vor der Sonne und vor Insektenstichen. Spektakulär, nicht allein in den Augen des Fremden, ist nur das Ergebnis, die Methode aber ist ganz einfach. Das ist typisch für dieses Volk, von dem hier im namibischen Kaokoveld wahrscheinlich nur rund 4000–5000 Menschen leben und vielleicht noch einmal 3000 jenseits der nördlichen Grenze in Angola.

Ihrem auf Zweckmäßigkeit und die Bewahrung ihrer Traditionen ausgerichteten Leben entspricht auch die Tierhaltung der Himba: Kühe, Watussirinder und Sangas, eine Mischform aus Zebus und buckellosen Kurzhornrindern, ein paar Schafe, viele Ziegen – und dazu ihre Hunde, die auf der Wanderschaft und im Kral viele Aufgaben haben. Die Kühe liefern die Milch, eine der wichtigsten Nahrungsquellen für die Menschen. Das von den Himba verzehrte Fleisch stammt in der Regel von den Ziegen und Schafen, nur selten werden anläßlich von Festen Rinder geschlachtet. Die Rinder sind Teil des religiösen Lebens der Himba: Sie gelten wie die Ahnen als Spender von Lebenskraft und Leben überhaupt. Rinderbesitz signalisiert Macht und bedeutet, Achtung zu erfahren. Die Hauptaufgabe der Hunde besteht darin, das Vieh zu schützen, bei Tage draußen auf der freien Weide und nachts im Jungvieh- und Erwachsenen-Pferch mitten im Kral.

Daß die Hunde dieser Aufgabe gewachsen sind, scheint uns zunächst erstaunlich, so zurückgenommen und unspektakulär wirken sie auf den ersten Blick. Pariahunde wurden sie

Wahenuna ist der einflußreichste Mann in diesem Dorf der Himba – sein Hund Metunai immer an seiner Seite. Der Name des Hundes verweist auf ein inniges Verhältnis: „Ich werde mit dir sterben", verspricht Metunai in der Übersetzung.

früher von den Kynologen genannt, rasselose Erscheinungen, die sich ohne Zucht und ohne Regeln vermehren und landstreicherhaft im Gürtel der wärmeren und gemäßigten Zonen rund um die Erde leben. Diese negative, zudem falsche und nur auf menschlicher Voreingenommenheit beruhende Wertung hat schon früh Proteste und Gegenstimmen ausgelöst.

Richard Strebel, der Münchner Kynologe, beteuerte bereits 1904, „daß von seiten der Zoologen dieser Hund stets sehr stiefmütterlich bedacht wird". Anderer Mei-

Rinder gelten im Glauben der Himba als Spender von Lebenskraft und Leben überhaupt. Mit ihrer Milch liefern sie zudem das Hauptnahrungsmittel. Sie vor Hyänen, Leoparden und Löwen zu schützen, ist nur eine der vielen Aufgaben für die Hunde.

nung war, zehn Jahre zuvor, sein Kollege Ludwig Beckmann. Er fand es „unverständlich, wenn man noch in neuerer Zeit die Pariahunde verschiedener Länder einer sorgfältigen Prüfung auf Schädel und Skelett unterwirft, in der Hoffnung, auf diese Weise Aufschluß über die Abstammung des Haushundes zu erhalten".

Doch genau das forderte in den vierziger Jahren wieder der Wiener Hundeforscher Emil Hauck, weil er glaubte, in diesen Hunden eine „Urlauge" entdecken zu können, aus der die verschiedenen Hunderassen entstanden seien. Neben den in England aufgekommenen Begriff des Pariahundes war inzwischen die Bezeichnung „Schensihund" getreten, von dem Berliner Zoologen Erich Werth 1949 in die verwirrende Diskussion um Paria- oder Rassehund eingeführt. Schensihunde galten ihm als eine „meist im Anfangsstadium der Domestikation befindliche Gruppe von Hunden, die speziell in tropischen Ländern vorkommen", es seien „Primitivhunde des tropischen Hackbaugürtels, die ohne besonderes menschliches Zutun ihr Fortkommen finden, aber bei und in menschlichen Behausungen leben".

Viel Streit um Hunde, der verständlicher wird, wenn man sich an die gleichzeitig noch viel heftiger geführten Diskussionen um die sogenannten „primitiven" Völker erinnert. Manch einer der Kynologen drosch auf die Hunde ein – und meinte eigentlich deren Besitzer. Beiden, Menschen wie Hunden, sind wir im fernen Namibia begegnet. Und beide haben es nicht verdient, mit den Augen unserer Zivilisation gewertet und beurteilt zu werden – weder als Primitive noch als Parias.

In Wirklichkeit hat sich hier zu beiderseitigem Nutzen zwischen Mensch und Tier eine besondere Form des Zusammenlebens entwickelt. Sie ist auf den ersten Blick nicht offensichtlich, doch wir können immer wieder beobachten, wie groß die gegenseitige Abhängigkeit und Achtung ist. Ein erster Hinweis darauf ist schon die Tradition, daß nur Menschen und Hunde von den Himba bedeutungsvolle Namen erhalten. Ziegen und Schafe, obwohl als Nutzvieh hoch geschätzt und gut behandelt, bleiben namenlos.

Wenn in einem Himbakral geschlachtet wird, teilt man den Hunden die Abfälle zu. Damit erfüllen sie sogar eine wichtige Aufgabe für die Hygiene rings um die Hütten. Aber auch darüber hinaus werden sie bewußt gefüttert. Häufig bekommen sie mit Sauermilch

angereicherten Maisbrei, denn bei längeren Perioden der Seßhaftigkeit legen die Himba in der Nähe ihres Krals auch kleine Felder an. In der Nähe eines solchen Feldes kommen wir mit einer Himbafrau aus einem anderen Kral ins Gespräch, die mit ihren beiden Töchtern unser Lager besucht.

Der große Rüde Ondangar ist der Lieblingshund von Mauru. Stolz begleitet er seinen Herrn auf den täglichen Rundgängen.

Sie hat eine Granate gefunden, Relikt aus dem Unabhängigkeitskampf der SWAPO (South West Africa People's Organisation) gegen die südafrikanische Armee, der auch hier im entlegenen Stammesgebiet der Himba geführt worden ist. Wir empfehlen ihr, den Fund der Polizei zu melden, so wie es auch die zahlreichen Warnplakate tun, die überall in den kleinen Orten und Handelsposten aufgehängt sind. Dann wollen sie gehen, sie werden in ihrem Maisfeld in der Nähe schlafen, um die Früchte ihrer mühsamen Feldarbeit gegen gefräßige Tiere zu schützen.

Ob sie zu ihrem Schutz denn wenigstens Hunde dabei hätte, wollen wir wissen. Die Frau schüttelt den Kopf. Hunde gehörten fast ausschließlich den Männern. Nur manchmal vertrauten sie ihre Hunde auch den Frauen an, vor allem aber den Kindern – als schützende Begleiter. Die zwei Mädchen aber hätten noch keinen, sie erwarteten schon ganz ungeduldig den Tag, an dem sie von ihrem Vater einen Schutzhund geschenkt bekämen.

„Ich weiß auch schon einen Namen für meinen Hund", sagt die ältere der beiden. „Dieb' wird er heißen" – „Und warum?" – „Weiß nicht, einfach so. Oder findet ihr, daß ‚Dieb' kein schöner Name ist?" Sie ist vielleicht sechs Jahre alt – wie die meisten Himba kennt sie ihr Alter nicht. Wir wollen sie nicht enttäuschen und stimmen zu, daß „Dieb" ein ganz prächtiger Hundename sei. „Naja", sagt die Kleine, „vielleicht nenne ich ihn auch ganz anders. Wie heißen denn eure Hunde?" Wir nennen einige typische Hundenamen. „Und wieviel Vieh habt

Wie das Vieh sind auch die Hunde bei den Himba Eigentum der Männer. Doch in fast jedem Kral gibt es auch Hunde, die die Kinder schützend begleiten und den Frauen auf ihren Wegen folgen.

NAMIBIA

Doppelt so groß wie Deutschland erstreckt sich Namibia im Südwesten Afrikas. Vom Küstenstreifen abgesehen ist es ein im Mittel bis zu 1800 Meter über dem Meeresspiegel gelegenes Hochland. Nur die drei Grenzflüsse führen das ganze Jahr über Wasser: Im Süden der Oranje, im Norden der Kunene und der Okavango. Bis auf den subtropischen Nordwesten herrscht hier das ganze Jahr über trockenes oder gar Wüstenklima mit Sommertemperaturen (November bis März) bis zu 40 Grad.

Namibia ist eines der am dünnsten besiedelten Länder der Erde. Seine rund 1,5 Millionen Einwohner gehören verschiedenen ethnischen Gruppen an (Ovambo, Herero, Damara, Buschleute, Nama und andere), die jeweils eigene Sprachen sprechen. Amtssprache ist deshalb Englisch, die häufige Umgangssprache Afrikaans. In der Hauptstadt Windhoek und an vielen anderen Orten aber ist auch, der kolonialen Vergangenheit wegen (Deutsch-Südwest), eine Verständigung auf Deutsch möglich.

Namibia lebt im wesentlichen von der Landwirtschaft, Rinderhaltung im Norden, Schafzucht im Süden. Außerdem ist das Land reich an – erst teilweise erschlossenen – Bodenschätzen (Diamanten, Gold, Uranoxid), die neben dem schnell wachsenden Tourismus eine weitere wichtige Einnahmequellen darstellen. Namibia hat erst 1990 seine Unabhängigkeit (von der Republik Südafrika) erzielt. Trotz vieler Stammes- und Nationalgegensätze gilt der junge Staat heute als ein Musterbeispiel afrikanischer Demokratie.

ihr?" Wir müssen passen. Kein Vieh? Aber Hunde? Wozu man die denn braucht – das Mädchen reagiert mit Unverständnis: „Ihr habt aber komische Hunde!"

Bei den Himba gibt es eine klare Aufgabenteilung, die auch die Hunde mit einbezieht. In der Regel werden sie auf der Weide gebraucht, um Raubtiere abzuschrecken: Löwen, Hyänen und Leoparden werden immer wieder von den Herden angelockt. Draußen im Busch werden die Rinder vor allem von den Männern bewacht, die Ziegen von den Kindern – ihnen zur Seite die meisten Hunde. Die übrigen bleiben bei den Hütten oder begleiten die Frauen. Doch die Hunde sind Eigentum der Männer genauso wie das Vieh.

Zwar werden die Himba gern als Beispiel einer matriarchalischen Gesellschaft zitiert, doch das stimmt nur bedingt: Richtiger wäre es, von einer matrilinearen Gesellschaft zu sprechen, denn sieben Eanda, sieben Matriclans, von denen jeder auf eine gemeinsame Stammesmutter zurückgeht, bestimmen die Herkunft aller Himba. Ihre gesellschaftliche Bedeutung, die zum Beispiel die Erbfolge regelt, überwiegt gegenüber den gleichfalls existierenden 20 Patriclans (Oruzo). Ein Sohn etwa erbt nicht das Vieh seines Vaters, sondern das des Onkels mütterlicherseits. Diese Betonung der mütterlichen Linie ebenso wie die auf wirtschaftlichen Nutzen ausgerichtete Ehebindung hat wie vieles bei den Himba einen einfachen, praktischen Nutzen: Das Vererbungsmuster beugt der Inzucht beim Vieh vor, weil die beerbte Familie fast immer in einem anderen Kral lebt.

Die Bekanntschaft mit der Mutter und ihren Töchtern führt uns am nächsten Tag in deren Kral. Hier können wir die Aufgabenteilung zwischen den Menschen und innerhalb der Hundemeute besonders gut beobachten.

Familienoberhaupt in diesem Kral ist Mauru. Sein Lieblings-

hund Ondangar ist immer in seiner Nähe. Vor allem auf den weiten Kontrollgängen durch die Steppe begleitet das Tier seinen Herrn. Mauru hält hier im Auftrag der namibischen Wildschutzbehörden Ausschau nach Wilderern, die als Trophäen- oder einfache Fleischjäger umherziehen. Jagd, aus dem einen oder anderen Grund, scheint den Himba zu widerstreben. Sie erkennen das Lebensrecht aller Wildtiere in ihrem Stammesgebiet an und sind bereit, es zu verteidigen.

Das einst im 16. Jahrhundert in das Gebiet am unteren Kunene (heute Südangola und Nordnamibia) eingewanderte Volk hat keinerlei jagdliche Tradition, sondern stets auf die Rinderwirtschaft gesetzt. Die Himba glauben an das Gleichgewicht in der Natur. Selbst wenn gelegentlich eine Ziege oder gar ein Rind von Raubtieren gerissen wird, brechen sie deshalb nicht zur Vergeltungsjagd auf. Böse Geister sind in ihren Augen verantwortlich für solch einen Verlust – kein Grund, Hyänen oder Löwen nachzustellen, nur deren Abwehr ist erlaubt. Und so beobachten wir, wie Mauru seinen Söhnen den Gebrauch des Knüppels beibringt, mit dem die Himbaknaben die Räuber von ihren Herden verscheuchen. Erst später, wenn sie bewiesen haben, daß sie den Gefahren im Busch auch allein gewachsen sind, werden sie sich den Speer der Männer und eigene Hunde verdient haben.

Ondangar ist nicht Maurus einziger Hund. Mauru besitzt mehrere Tiere, und alle erfüllen Aufgaben, die ihnen, so scheint es uns, nur ihrer Neigung entsprechend übertragen werden. Da ist zum Beispiel Okandondo: Sie liebt es, mit den Rindern unterwegs zu sein. Sie kennt und beherrscht ihren Auftrag so gut, daß sie ohne jede Aufforderung mit hinausgeht, wenn die Rinder in den Busch ziehen.

Ganz anders die Hündin Babille: Sie zieht die Gesellschaft der Frauen im Lager vor. Aber nicht nur, weil dort wohlschmeckende Sauermilch zubereitet wird: Sie bleibt auch an

Häufig wird das selbstverständliche und entspannte Verhältnis von den Menschen zu ihren Hunden bei so ursprünglichen Völkern wie den Himba als Gleichgültigkeit mißverstanden. Dabei sind die Hunde der Himba respektierte Einzelindividuen, haben alle einen Besitzer und einen eigenen Namen.

deren Seite, wenn eine Hütte ausgebessert werden muß oder die Frauen zum Holzsammeln in den Busch gehen. Die Frauen begrüßen das – weniger aus Angst vor großen Raubtieren, die den Menschen üblicherweise aus dem Weg gehen, als vielmehr aus Furcht vor Schlangen. Die können unsichtbar im hohen Gras liegen und bei einem unbedachten Tritt plötzlich zustoßen. Zuverlässig warnt Babille vor dieser Gefahr – instinktiv, denn beigebracht hat ihr das niemand.

So wie sich Babille bei den Frauen aufhält, kümmert sich die noch junge Tahanau um die Kinder. Spielerisch wird die Hündin für diese Aufgabe erzogen. Zunächst begleitet sie ihre menschlichen Spielgefährten bei der Suche nach Mopanewürmern, eine Abwechslung auf dem Speiseplan der Himba. Um diese Jahreszeit kommen die Raupen massenhaft vor, und die Kinder sammeln sie von den Mopanebüschen, um sie anschließend in der Glut zu rösten und danach noch einige Tage bis zum Verzehr in der Sonne trocknen zu lassen.

Mit sichtbarer Freude und aus eigenem Antrieb widmet sich Tahanau dieser Herausforderung – sie scheint zu glauben, der Raupenhund des Dorfes zu sein. Von Tag zu Tag entwickelt sie sich dabei mehr und mehr zur Schutzhündin der Kinder. Ganz selbstverständlich und, wie es uns scheint, von den Men-

Babille bleibt immer in der Nähe der Frauen, auch wenn diese zum Holzsammeln in den Busch aufbrechen. Schon manches Mal hat sie vor einer Schlange gewarnt, die sich zu Füßen der Frauen im Gras versteckt hatte.

schen nicht kalkuliert, ist dieser Nebeneffekt eingetreten. Denn die Himba zwingen niemals einen Hund zu einer bestimmten Aufgabe, er sucht sie sich selbst.

Nach diesen Eindrücken müssen wir auch die Aussagen unserer Freundin vom Maisfeld etwas korrigieren: Zwar gehören die Hunde tatsächlich meist den Männern, doch es ist gar nicht so selten, daß sie ihre Tiere den Frauen und Kindern überlassen, in deren Lebensbereich sie sich voll integrieren. Das deckt sich mit den Berichten aus vielen Teilen der Erde, die von Lager-, Schensi-, Paria- und Schutzhunden berichten: Frauen und Hunde scheinen bei vielen Naturvölkern eine natürliche Einheit zu bilden, solange sie sich auf der Wirtschaftsstufe der Hirten und Sammler bewegen. Dagegen ist in den Jägergemeinschaften wohl die stärkere, in den Industriestaaten inzwischen schon sprichwörtliche Bindung „Herr und Hund" entstanden. Der Wolfs- und Hundeforscher Erik Zimen hat aus dieser Beobachtung eine Domestikationstheorie entwickelt. Er hält es für möglich, daß junge Wolfswelpen irgendwann in der

DIE HIMBA

Steinzeit von den Menschen unterschiedlicher Völker mit in ihre Lager genommen wurden. Sie brauchten Milch, „doch die von Ziege, Schaf und Rind stand damals noch nicht zur Verfügung. Nur Frauen konnten diesen Welpen die notwendige Nahrung geben." Zimen schlußfolgert: „Nach der biblischen Überlieferung war es nicht Adam, sondern Eva, deren Verhalten zur Vertreibung aus dem Paradies führte, und zwar nicht aus Not, sondern aus Neugier. Begann vielleicht unsere vom Haustier begleitete und getragene Zivilisation mit der vorerst absichtslosen Zähmung einiger Wolfswelpen durch die Frau?" Dem Wissenschaftler sind bei einem anderen afrikanischen Stamm, den ähnlich wie die Himba lebenden Turkana in Ostafrika, bestimmte arbeitsteilige Verhaltensweisen aufgefallen. Hunde haben bei den Turkana, ähnlich wie bei den Himba, auch Babysitterfunktionen, häufig bleiben sie bei Säuglingen und Kleinkindern liegen und bewachen sie, wenn die Mütter anderweitig beschäftigt sind. Hunde halten auch das Lager sauber, indem sie den Babykot einfach auffressen. Bei den Turkana leckt der Hund das Kind anschließend sogar ab. Zimen spricht von „Windelersatz". Als eine Art selbständige und freiwillige

Die zum Bantu-Volk der Herero gehörenden Himba leben im äußersten Nordwesten Namibias. Ihr Stammesgebiet, das sogenannte Kaokoveld, grenzt an Angola. In dieses Gebiet soll das etwa 8000 Menschen zählende Volk etwa im 16. Jahrhundert aus dem heutigen Äthiopien und Kenia eingewandert sein.

Ein meilenlanger Schutzzaun, den die weißen Farmer Namibias aus Furcht vor der Rinderpest errichteten, garantierte den Himba lange Zeit eine relative Isolation und Sicherheit. Erst die kriegerischen Auseinandersetzungen der letzten Jahrzehnte, der Einmarsch der südafrikanischen Armee während der Unabhängigkeitskämpfe, der Angolakrieg und seine Ausweitung über die Grenze hinweg, führten zu einem engeren Kontakt mit der Zivilisation.

Inzwischen sind die Krals der Himba ein beliebtes Ziel für Touristen. Die dabei entstehenden Kontakte und Einflüsse zerstören in immer schnellerem Tempo die bislang weitgehend intakte traditionelle Welt dieses Volkes. Ethnologen gehen davon aus, daß nur noch die heute bereits erwachsenen Himba ihr Leben in den althergebrachten Strukturen zu Ende führen werden. Neben den Massai in Kenia und den Wodaabe im Sahel gehören die Himba zu den letzten traditionellen Hirtenvölkern des heutigen Schwarzafrika

Doch anders als jene sind die Himba doppelt bedroht: Die namibische Regierung plant bei den Epupa-Wasserfällen am Grenzfluß Kunene ein gewaltiges Wasserkraftwerk. Das Epupa-Tal und damit ein zentraler Teil des Himbagebietes würde durch das Staudammprojekt unter Wasser gesetzt. Internationale Proteste vermochten dieses Projekt vorläufig zu verhindern – vom Tisch ist es jedoch noch nicht.

Wie bei allen Bantuvölkern spielt auch bei den Himba die Ahnenverehrung eine zentrale Rolle in ihren religiösen Vorstellungen. Ihr Denken und Fühlen aber dreht sich hauptsächlich um ihr Vieh. Die Rinder sind darüber hinaus auch Mittelpunkt der Glaubensvorstellungen. In symbolischer Form werden Attribute dieser Tiere, die Hörner zum Beispiel, auch in den Schmuck und die Kopf- und Haartracht der Frauen übernommen. Der Rinderpferch bildet stets den Mittelpunkt eines Krals. Die Dauer des Aufenthalts in einem Kral bestimmt der Weidebedarf der Herden. Finden diese im Umkreis des Dorfes nicht mehr genügend zu fressen, wird der Kral aufgegeben. Die Dorfgemeinschaft verläßt die Hütten, bis die Familien nach einer längeren Regenerationspause für die Natur wieder zurückkehren. Problematisch dabei ist die neben der Rinderhaltung anwachsende Ziegenschar, die das Weideland nachhaltig zerstört.

Müllabfuhr haben auch wir die Hunde der Himba kennengelernt.

Nur, von wem sie abstammen, bleibt ein Rätsel. Schwer, sich vorzustellen, daß sich unter den oft gelbfahlen, gelegentlich rötlichbraunen und seltener schwarz-weiß gescheckten Fellen ganz allein das Erbe des Stammvaters aller Hunde verbirgt, des Wolfs. Wissenschaftlich scheint zumindest in Europa daran kein Zweifel zu bestehen, auch wenn Forscher wie der Amerikaner Michael Fox in den Paria- und Schensihunden eine Übergangsform erblicken, die das verschwundene Bindeglied zwischen einem ausgestorbenen Urhund und den heutigen Hunden sein könnte.

Für die meisten Wissenschaftler gehören solche Überlegungen allerdings ins Reich der Fabeln. Sie lehnen die Annahme ab, daß irgendwelche längst verschollenen Urhunde, die in grauer Vorzeit neben oder vor dem Wolf existiert haben sollen, die Ahnen für die Vielzahl der Hunderassen auf

der Welt gestellt hätten, genauso wie die Hypothese über die Beteiligung von Gold- oder Schabrackenschakalen bei der Hundewerdung. Die meisten Wissenschaftler halten es zwar durchaus für möglich, daß es gelegentlich mit Schakalen zu Mischlingen gekommen ist. Die aber könnten nicht die erstaunliche Einheitlichkeit der Hunde bei den Himba und bei anderen Stämmen nicht nur in Afrika, sondern auch in Asien erklären. Vermutlich formten die relativ ähnlichen harten Umweltbedingungen an verschiedenen Orten der Erde unabhängig voneinander eine vergleichbare äußerliche und charakterliche Anpassung dieses Hundetyps. Nur in Israel ist daraus ein inzwischen anerkannter Rassehund geworden: der israelische Kanaan-Hund.

Am klarsten hat das deutsch-israelische Ehepaar Menzel, das sich mehr als 30 Jahre lang mit diesen Hunden beschäftigte, eine auch kynologisch-wissenschaftlich brauchbare Definition entwickelt. Keineswegs seien die Parias „typlose" Mischlinge, sondern ganz im Gegenteil weit verteilte Mitglieder einer Naturrasse, die sich ohne menschliches Zutun an vielen Stellen der Erde erstaunlich typgetreu erhalten hat.

Vier Typen dieser Naturrasse fielen den Menzels bei Beobachtungen in Israel auf: die schwere Form des Hirtenhund-Ähnlichen, die Form des Dingo-Ähnlichen, die des Collie-Ähnlichen und – vor allem im Süden – die des Windhund-Ähnlichen. Mit Ausnahme der wohl nur im Norden verbreitet anzutreffenden Hirtenhundform können wir die drei anderen Typen so oder in leicht gewandelter Gestalt auch bei den Himba beobachten. Und wir finden auch unter den Pariahunden in Afrika den typischen, gegen das Restfell wachsenden Aalstrich des Rhodesian Ridgeback.

Dennoch sind alle Hunde der Himba eindeutig ein Schlag, genauso wie sie von den vielen Afrikareisenden und all den Hundeforschern früher beschrieben wurden. Nur eine Beobachtung paßt nicht zu den alten Beschreibungen, die von einer Vernachlässigung durch den Menschen reden. Ganz im Gegenteil: Die Hunde der Himba werden gepflegt und gefüttert, sie leben nicht am Rand der Siedlung, sondern mittendrin, gemeinsam mit den Menschen. Sie gehören keiner anonymen Gruppe an, sondern sind Einzelindividuen – jeder mit einem individuellen Namen, bedeutungsvoll, wie sonst nur die Namen der Menschen. Sie sind geschätzte Begleiter und für die Menschen Lebewesen von hohem Wert.

Als wir abends mit dem Dorfchef Wahenuna um das Feuer vor seiner Hütte zusammensitzen, legen sich die beiden Hunde des Wohlangesehenen wie selbstverständlich zwischen uns. Wir besprechen mit Wahenuna unser Filmprojekt und wollen ihn überzeugen, daß den Hunden dabei nichts Böses widerfährt. Doch wir machen zunächst einen Fehler.

Der Fehler besteht aus einem Beutel Frolic. Überall auf unseren Reisen haben wir unsere vierbeinigen Hauptdarsteller erfolgreich damit bestechen können. Doch Wahenuna reagiert nervös: „Was ist, wollt ihr meine Hunde vergiften?" Der Mann hat mit Weißen keine guten Erfahrungen gemacht. Ruhig erklären wir, woraus die kleinen braunen Stücke bestehen, daß auch in der Welt, aus der wir kommen, Hunde damit gefüttert werden – Wahenuna ist weiter mißtrauisch.

Uns bleibt nur ein Selbstversuch als überzeugende Geste. Langsam knabbern wir vor seinen Augen an einigen Frolic-Stücken. Das überzeugt den Skeptiker: Nachdem auch er probiert hat, dürfen wir uns schließlich bei Hakoquoko und Metunai damit einschmeicheln - mit dem beabsichtigten Erfolg. Bald zeigen die Tiere auch uns gegenüber das vertrauensvolle und angstfreie Verhalten, das sie sonst nur den Himba ihres Krals entgegenbringen – für uns die wichtigste Voraussetzung, um filmen zu können.

Ein paar Kilometer nördlich von uns liegt der Kunene, der Grenzfluß zwischen Namibia und Angola. Am nächtlichen Himmel steht das Kreuz des Südens – und dennoch ein unendlich vertrautes Gefühl: eine nasse Hundeschnauze, die futtersuchend gegen unsere Hand stupst ...

Bild links unten: Wie überall auf der Welt haben besonders die Kinder ein enges Verhältnis zu den Hunden. Geduldig läßt sich Metunai auch kleinere Grobheiten seiner „Schützlinge" gefallen.

DER KANAAN-HUND

Neben dem Sonderfall des Basenji hat es nur ein kleiner Zweig der von Afrika bis Hinterindien verbreiteten Paria- und Schensihunde zu Rasseehren im Sinne der Zuchtverbände der Industrienationen gebracht: die israelischen Kanaan-Hunde. Professor Rudolfine Menzel, die gemeinsam mit ihrem Ehemann Rudolf bei der Erforschung der Pariahunde grundlegende Arbeit leistete, hatte in den dreißiger Jahren die typischen Parias Palästinas als verwendbare Hunderasse für den Militärdienst entdeckt. Sie begann mit der Reinzucht. Doch erst kurz vor ihrem Tod (1973) wurde der Kanaan-Hund von der Internationaler Rassehund-Föderation (FCI) als eigene Art und Rasse anerkannt. Damit ist der Kanaan-Hund bis heute die einzige eindeutig aus Pariahunden hervorgegangene Art, ein Schensi-Hund, der schon den Menschen vorchristlicher Zeit als Herdenhund gedient hatte.

Der in einigen seiner Ahnentypen den Hurden der Himba äußerst ähnliche Kanaan-Hund gilt als intelligent, anpassungsfähig und wird als Haushund und zuverlässiger Wächter geschätzt – alles urtümliche Eigenschaften, die er mit seinen namenlos gebliebenen Artgenossen bei vielen Völkern des Tropen- und Subtropengürtels teilt. Ein erster Klub für Freunde dieser Hunde wurde bereits 1979 in Deutschland gegründet.

Kontakt:
Klub für Kanaan-
Hunde in Deutschland e.V.
Falkenburgstraße 14
50935 Köln

DER RHODESIAN RIDGEBACK

Der zweite Rassehundvertreter, der genetisch eindeutig in einigen Himbahunden „mitmischt" ist der Rhodesian Ridgeback. Hunde mit einem Streifen Fell auf dem Rückgrat, das gegen den Strich wächst, dem herausragendsten äußerlichen Merkmal des Rhodesian Ridgeback, zeugen von seinem genetischen Erbe. Solche Hunde wurden vermutlich schon von den Hottentotten-Häuptlingen Afrikas geschätzt, aber erst planmäßig gezüchtet, als weiße Siedler ihre mitgebrachten Jagdhunde mit den afrikanischen Tieren kreuzten. Der gegengerichtete Aalstrich blieb dabei erhalten. Die fast 70 Zentimeter hohen, rötlichbraunen, weizenfarbenen oder noch helleren Hunde (die heute auch einen schwarzen Fang und schwarze Ohren haben dürfen) wurden auf Löwen angesetzt – und bewachten bzw. verfolgten Sklaven. Die europäischen und südafrikanischen Rhodesian Ridgebacks sind enorm schnell, wendig und temperamentvoll

Kontakt:
Rhodesian Ridgeback Club
Romillystraße 37
64584 Biebesheim

NEPAL

AUF DEN SPUREN DER
HEILIGEN HUNDE

„Durch den Verstand des Hundes
erst besteht die Welt. "

Aus einer Hymne des Rigweda, ca. 1200 v.Chr.

Plötzlich ertönt helles Geläut in der kalten Stille der Schlucht. Dann ein zweites Geräusch – das heisere Gebell großer Hunde: Wir sind auf eine Schaf- und Ziegenkarawane gestoßen – an den roten Halsbändern der Leittiere und der Hunde hängen kleine Messingglöckchen.

Südwärts geht dieser Treck, zu einem der Märkte im mittleren Nepal. Wolle und Häute, Halbedelsteine und Heilkräuter tragen die Tiere in den Packtaschen, in der Hauptsache aber Salz, das weiße Gold, das in Tibet als Kristallschaum an den Rändern der Mineralseen „blüht". Nur Ziegen und Schafe eignen sich als „Träger" auf den schmalen Pfaden im Gebirge. Trotz aller Grenzkontrollen durch die Chinesen ist die mehr als tausendjährige Tradition ungebrochen.

Nach buddhistischer Lehre wird die Seele eines Lebewesens nach dessen Tod in einem anderen Körper wiedergeboren. Weil Hunde dem Menschen besonders nahe stehen, kommt es nach Auffassung vieler Buddhisten häufig vor, daß die Seele eines Menschen in einem Hund ihren neuen Körper findet.

„Namaste!" - der Anführer der Nomaden wünscht uns einen schönen Tag zum Gruß. Gras zupfend zockeln die Tragtiere am Rand des Pfades entlang, mißtrauisch drängen sich zwei große, blauschwarze Hunde an uns vorbei. Einst wurden sie irreführend als Tibet-Doggen oder Tibet-Mastiffs bezeichnet, heute nennt man sie auch im Westen bei ihrem einheimischen Namen Do Khyi, inzwischen wahrscheinlich die seltenste Hunderasse der Welt – und eine der ältesten, der ursprünglichsten. Es ist die Begegnung mit einer Legende. Hunde dieses Typs finden sich bereits auf babylonischen Tontafeln aus dem 12. Jahrhundert v. Chr. Der Geschichtsschreiber Herodot berichtet davon, daß der Satrap von Babylon eine große Meute „indischer" Hunde gehalten habe. Eine chinesische Chronik aus dem Jahr 1121 v. Chr. erzählt von Ngao, dem doggenartigen Hund des Kaisers Wu Wang, der vier Fuß hoch und als Kampfhund auf alle Feinde des Herrschers abgerichtet gewesen sei.

Ähnliche Berichte liegen auch aus der Antike vor – Griechen, Römer, Perser besaßen diese Hunde aus den östlichen Bergen. Alexander der Große soll ein Paar dieser Tiere, die er von einem asiatischen Herrscher geschenkt bekommen hatte, mit auf die Löwen- und Elefantenjagd genommen haben. In den Arenen des alten Rom sollen es diese Hunde gewesen sein, die mit Gladiatoren zu kämpfen und wilde Stiere zu zerreißen hatten. Mythen, Legenden, Geheimnisse umgeben diese großen kampfstarken Hunde, die schon vor mindestens 2000 Jahren aus dem Hochland von Tibet, vermutlich auf dem Weg über China und Indien, bis nach Europa gelangten.

Daß sie als Kampf- und Kriegshunde verwendet wurden, zumeist auch noch kostbarer Besitz vieler Herrscher waren, dokumentierten die frühen Geschichtsschreiber. Daß sie aber auch eine andere Spur quer durch Eurasien zogen, wird erst jetzt allmählich enträtselt. Forscher stießen im Gürtel der eurasischen Hochgebirge vom Atlantik bis zum Hindukusch auf eine bemerkenswerte Gemeinsamkeit all der vielen hundert völlig verschiedenen Völker dieses Gebiets: deren Hunde.

Von Spanien bis nach Tibet sind sich die Schutz- und Bauernhunde auf den Hochebenen, im Gebirge und in den einsamen Tälern alle ziemlich ähnlich - Tiere von einem Schlag mit geringfügigen Abweichungen voneinander. Sie sind groß, schwerknochig, zottelhaarig, haben Hängeohren und – in Erregung – über den Rücken gerollte Ruten. Bernhardiner hei-

Seit Jahrhunderten ziehen Schafkarawanen über die schwierigen Gebirgspfade zwischen Tibet und Nepal. Sie zu beschützen, ist die Aufgabe der großen Do Khyi. Schon Alexander der Große soll ein Paar dieser furchtlosen Tiere besessen haben.

ßen sie in der Schweiz, Patou in den französischen Pyrenäen, Mastin de los Pireneos jenseits der Grenze in Spanien, Cao da Sera da Estrela in Portugal, Cane de Pastore Maremmano-Abruzzese in Italien und Akbash, Karabash und Kangal in Anatolien. In Polen kennt man diesen Hundetyp als Polski Owczarek, die Tschechen nennen ihn Slovensky Cuvac, Liptak heißt er in der Tatra und in Siebenbürgen (Rumänien), in Ungarn schützt er als Kuvasz das Vieh. Ein Hund für viele Hirtenvölker und viele unter-

An einem Tag im Jahr stehen Hunde für die Hindus im Mittelpunkt: beim Kukur-Tihar-Fest. Mit Blumen, Kränzen und dem typisch hinduistischen Stirnmal werden die Hunde im Kreis der Familie als Bewacher des Totenreichs geehrt.

schiedliche Kulturen: Er ermöglichte ihnen allen das Überleben in einer wilden, meist lebensfeindlichen Bergwelt.

Auf seinem langen Weg wurde er das, was er ist – ein kräftiger, eigenwilliger, von Mißtrauen gegen Fremde geprägter, auf den Schutz seiner Menschen und ihres Eigentums bedachter Hüter. Nicht ganz unbegründet beschrieben manche Forschungsreisende ihn als äußerst gefährlich. Der Venezianer Marco Polo (1254–1324) machte den Anfang: „Das Volk der Tibeter ist eine schlecht beschaffene Rasse. Sie halten Doggen so groß wie Esel, die sich zur Jagd auf wilde Tiere, besonders die wilden Ochsen, eignen."

Bis heute hat sich an Einschätzungen dieser Art wenig geändert. Der Reiseautor Peter Matthiessen etwa ängstigte sich noch vor knapp zwei Jahrzehnten vor den Do Khyi: „Diese Doggen sind so bösartig, daß tibetanische Reisende eigens ein Amulett tragen, auf dem ein tobender, in Ketten geschlagener Hund abgebildet ist. Die Kette wird von einem ‚Dorje', dem mystischen Donnerkeil, zusammengehalten, und eine Inschrift sagt: ‚Das Maul des blauen Hundes ist im voraus zugebunden'."

Kein Wunder, daß uns bei der ersten Begegnung mit den Do Khyi fast der Atem stockt. Doch keines der Tiere attackiert uns, sie beobachten uns lediglich voller Reserviertheit. Die gut gemeinten Empfehlungen eines Forschungsreisenden für Begegnungen mit solchen Schutzhunden amüsieren uns nach dieser Erfahrung. So riet er, immer einen Begleiter in Landestracht bei sich zu haben, der mit den Tieren zurechtkäme und sie mit ihm; langsam zu gehen und einen Stock bei sich zu tragen, bei einem Angriff bissen die Hunde nämlich zunächst in den Stecken; niemals die Hunde zu schlagen, sonst liefen auf das Geheul des Getroffenen hin alle anderen Hunde zusammen; wenn möglich, einem drohenden Hund etwas Futter zuzuwerfen, mit dem er sich beschäftigen könne, bis man sich selbst in Sicherheit gebracht habe.

Wir müssen keiner dieser Empfehlungen folgen: Niemals hat uns eins der als so aggressiv geschilderten Tiere angegriffen. Sie sind aber immer gegenwärtig, selbständige Beschützer und Wächter bei den Herden und bei ihren Herren. Niemals drohend, aber immer eine Zone der Ruhe durch ihr selbstsicheres Wesen und die souveräne Ausstrahlung erzeugend. Sie sind echte Kinder der Berge: zurückhaltend bis mißtrauisch und bei weitem nicht jedermanns Freund.

Die Händler mit ihrer Ziegenkarawane wissen dies ebenso zu schätzen wie die nomadisierenden Hirten mit ihren Yaks, die wir etwas später treffen: Um ihr Lager im Talgrund an einem schmalen Fluß errichten die angeketteten Hunde eine Art Bannmeile, einen privaten Raum für die Menschen und eine Freifläche für die Yaks und Yakmischlinge, innerhalb derer sie unbehelligt grasen dürfen. Kreuzungen aus Yaks und Kulturrindern – Dzoris genannt – sind bei den Hirtenbauern sehr beliebt. Im Vergleich zu den Yaks sind Dzo, die männlichen Mischlinge, sanfter und lenkbarer, Dzomo, die Kühe, geben mehr Milch. Um Tiere mit

diesen erwünschten Eigenschaften zu erhalten, müssen freilich Yaks und Rinder immer aufs neue verpaart werden: Die Mischlinge selbst sind so unfruchtbar wie die Kreuzungsprodukte aus Esel und Pferd.

Diese Tiere sind der kostbarste Besitz einer Familie in den nepalesischen Bergen. Und sie bedürfen des Schutzes durch die Hunde. Überall auf dem Treck von den Sommerweiden auf den Bergen in den Winterpferch im Tal können Räuber drohen – Leoparden im Süden Nepals, ganz selten Schneeleoparden im Norden, aber überall natürlich menschliche Angreifer. Als Begleiter der Herden auf ihren Wanderungen, die durch viele kleine Weiler, Dörfer, Städtchen und Ansiedlungen führen, hinterlassen die Do Khyi häufig bei dort ansässigen Hundepopulationen ihr genetisches Erbe: Die Hunde auf manchem Kleinbauernhof er-

Rasselose Mischlinge werden in Nepal nicht nur geduldet. Sowohl Hinduismus als auch Buddhismus schreiben vor, mit allen Mitgeschöpfen liebevoll umzugehen. Buddhistische Gebetsfahnen senden dementsprechend Gedanken des Mitgefühls an die ganze Welt.

Reisende berichteten immer wieder ehrfürchtig von der Gefährlichkeit der Do Khyi. Tatsächlich sind sie zwar entsprechend ihrer Aufgabe Fremden gegenüber ausgesprochen mißtrauisch, ihren Besitzern aber treu ergeben.

innern uns deutlich an die großen Tibet-Doggen und zeigen doch das typische Verhalten der Paria- und Schensihunde aus aller Welt.

Diese stellen vor allem in der Mitte und im Süden des Landes die Mehrheit der von uns beobachteten Hunde. Frei und ohne einen bestimmten Besitzer streifen sie in Meuten durch die Ortschaften, niemandes Feind und jedermanns freundlicher Diener, wenn nur die geringste Aussicht auf ein wenig Futter lockt. Es sind echte Parias, neben der menschlichen Gemeinschaft in Rudeln lebende Tiere.

Buddha selbst soll einst alle Tiere zu sich gerufen haben, doch nur zwölf folgten sofort seinem Ruf. Jedem von ihnen schenkte er daraufhin ein Jahr im tibetischen Kalender. Eines dieser Tiere ist der Hund. Menschen, die im Jahr eines Hundes geboren sind, gelten als gutmütig, vertrauenswürdig und vor allem als treu.

Allerdings geht es ihnen besser als ihren Artgenossen weiter südlich in den Slums der indischen Großstädte. Hier in Nepal, dessen Bewohner gleichermaßen von Hinduismus und Buddhismus geprägt und durchdrungen sind, ist das Verhältnis der vielen armen Menschen gegenüber den noch ärmeren Tieren nicht von grausamer Gleichgültigkeit - nicht einmal in der Hauptstadt Kathmandu. Wir erleben dies während eines fünftägigen Festes, an dessen zweitem Tag die Hunde in einer besonderen Gebetsfeier geehrt werden. Kukur Tihar wird dieses Fest der Hunde hier genannt. Eine Tika, das religiöse Glückszeichen der Hindus, wird ihnen mit Sandelholzpaste auf die Stirn gemalt – ein drittes Auge, das für Mensch und Tier als Pforte der Erkenntnis gilt. In jedem Stadtviertel werden die hier üblicherweise streifenden Parias außerdem mit Blumenkränzen geschmückt und mit besonderen Leckerbissen, die auf großen Platten dargeboten werden, verwöhnt. Sie gelten immerhin als die Türhüter des Totengottes Yama, der über eine glückliche oder mit Leiden verbundene Wiedergeburt im nächsten Leben des Hindu zu entscheiden hat.

Wir erleben dies auch in Pashupatinath, wo Shiva, einer der drei Hauptgötter, in seiner Inkarnation als Herr der Tiere, Pashupati, verehrt wird. Eine riesige Tempelstadt ist um den Shiva-Altar entstanden, harmonisch am Ufer des den Nepalesen heiligen Flusses Bagmati angeordnet. Hier am Ufer werden die Leichen Verstorbener verbrannt, der alte Leib wird aufgegeben, und die Seele wartet auf einen neuen, jungen Körper.

Der kann auch der eines Hundes sein, eines Insekts oder einer Ratte – je nach persönlichem Karma des Toten zu seinen Lebzeiten, also seinen positiven oder negativen Taten, Gedanken und Wünschen. Dieser Glaube der ohnehin sanft mit der Natur umgehenden Hindus und Buddhisten kommt auch den Pariahunden in den Städten zugute: Jeder von ihnen könnte ein Urahn auf dem Weg der Wandlung sein oder ein erst kürzlich verstorbener naher Verwandter. Ein ungezielter Steinwurf, um ein allzu aufdringliches Tier zu verscheuchen, ist deshalb das äußerste an Aggression, was wir gegenüber den Hunden erleben.

Auf viele dieser Parias in Kathmandu trifft sicher zu, was der Kynologe Ludwig Beckmann schon 1895 über alle Hunde dieses Typs – von Afrika bis hin nach Asien und Lateinamerika – behauptete: Sie seien nur entstanden aus „den Trümmern der Hunderassen untergegangener Culturvölker und mischten sich mit den Hunden der eingewanderten Völkerstämme und in neuerer Zeit fortwährend mit den eingeführten europäischen Hunderassen". Tatsächlich trifft man noch heute Vertreter von solchen „eingewanderten Völkerstämmen": die Enkel der Hippies und europäischen Erkenntnissucher, für die Kathmandu mit seinem überreichen Haschischangebot seit den 70er Jahren noch immer eine Insel der Seligen ist.

Wir sehen aber auch Parias, wie wir sie sonst nur noch im Norden Namibias erlebten: Obwohl nie züchterischer Wille das Paarungsverhalten bestimmt hat, sind es Hunde eines einheitlichen Schlages, geringfügig unterschiedlich in ihrer Erscheinung, nur geographisch getrennt und deshalb eigene Regionalrassen bildend.

Auf die freundlichen Parias aus den Straßen Kathmandus stoßen wir übrigens noch einmal bei einem kleinen Ausflug zum Tempel von Swayambhunath – diesmal in idealisierter Gestalt: als Halbrelief in Stein gehauen. Das wegen seiner vielen hier lebenden Rhesusaffen auch als Monkey Temple (Affentempel) bezeichnete Heiligtum ist eines der wichtigsten kultischen Zentren sowohl der Buddhisten als auch der Hindus, obwohl es als rein buddhistische Anlage von tibetischen Mönchen gepflegt und verwaltet wird.

Vom Kukur-Tihar-Fest profitieren auch die Straßenhunde in Kathmandu: Kein Mensch darf an diesem Tag essen, bevor er nicht einen Hund mit einem Festschmaus verwöhnt hat.

DAS KÖNIGREICH NEPAL

Eingekeilt zwischen China und Indien, über eine Länge von etwa 900 Kilometer und eine Breite von 140 bis 240 Kilometer, erstreckt sich nahezu von Meereshöhe bis auf 8848 Meter, von tropischen Regenwäldern bis zu verschneiten Berggipfeln, das unabhängige Königreich Nepal (Niyampal – das heilige Land) am Nordrand des indischen Subkontinents. Etwa 18 Millionen Menschen, mehr als 100 verschiedenen ethnischen Gruppen, Stämmen und Völkern angehörend, bewohnen dieses Gebiet zwischen dem hinduistischen Kulturraum im Süden und dem buddhistischen im Norden.

Nepal ist ein Agrarland mit wenig Industrie und einer in der Hauptsache auf lokale Selbstversorgung gerichteten Viehzucht. Der unfreiwillig größte Exportartikel des Landes ist fruchtbare Erde: Milliarden Tonnen tragen die großen Ströme, die alle hier im Himalaya entspringen, jährlich in die indischen Ebenen hinunter. Das einst bis auf Mittelgebirgshöhe mit Wäldern bestandene Land wurde im letzten halben Jahrhundert abgeholzt – Brennmaterial für die eigene Bevölkerung und die ständig wachsende Schar von Trekking-Touristen sowie begehrtes Bauholz für den Export. Von den entstandenen Ödflächen trägt der regelmäßige Monsunregen den dünnen Mutterboden ab und transportiert ihn in reißende Bäche, Flüsse und Ströme, die schließlich wie alle Flüsse des Landes in den Ganges münden. Neben den Brenn- und Erwerbsholzschlag tritt das Problem der rasch wachsenden Bevölkerung, die für ihre Ernährung ständig neue Anbauflächen braucht, dieses Land aber beim nächsten Monsun an einen der Flüsse wieder verliert. Wie kaum ein anderes Land der Erde ist Nepal deshalb vom Problem der Erosion betroffen. Eine ökologische Katastrophe, die durch ein bereits angelaufenes Aufforstungsprogramm gestoppt werden soll.

Seine Bekanntheit verdankt Nepal der einzigartigen Lage im Himalaya, der Touristen aus der ganzen Welt anlockt. Die Mehrzahl der höchsten Berge der Welt steht im Himalaya, darunter auch der bekannteste: der Mount Everest an der Grenze zu China. In den vielen Religionen Nepals stellt der Himalaya („Himal" ist Sanskrit und bedeutet „Stätte des Schnees", Plur.: Himalaya) vor allem den „Sitz der Götter" dar.

Fast alle wichtigen Handelsstraßen zwischen China und Indien führen seit Jahrtausenden durch Nepal. So entwickelte sich nicht nur ein reger Warenaustausch, sondern auch ein Gemisch der Religionen und Kulturen, was dieses Land zu einem der faszinierendsten kulturellen Schmelztiegel der Erde macht – geprägt von Friedfertigkeit und gegenseitigem Respekt.

Vor dem Sockel des gewaltigen Stupa, dem von einem Turm überragten, kuppelartigen Reliquienhügel, 211 Treppenstufen hoch, sind die zwölf Jahrestiere des tibetischen Kalenders in Stein gehauen. Der Hund gehört dazu, denn auch ihm hatte Buddha einst zwölf Monate geschenkt. 1994 war das letzte Jahr des Hundes, 2006 wird das nächste sein, schon jetzt ungeduldig erwartet. Denn ein Hundejahr gilt als eine Zeit der guten Ernten, und unter den zwölf Tieren, nach denen die Jahre benannt sind, wird der Hund, gemeinsam mit Pferd

und Tiger, als das für den Menschen günstigste Wesen angesehen. Dem buddhistischen Glauben zufolge sind Hunde verständnisvoll, gutmütig, tüchtig und treu, und so sollen auch die Menschen sein, die in einem Hundejahr geboren werden.

Dieser Glaube bezieht sich keineswegs nur auf die Do Khyi und die Parias, sondern auch auf die andere wichtige Hundegruppe der Buddhisten, die Lago Khyi, die kleinen, zottelhaarigen „Handhunde" aus Tibet, die inzwischen genau wie ihre großen Verwandten in Nepal Asyl gefunden haben. Deren Ansehen hier und überall, wo Buddhisten leben, ist groß: Lebt in diesen Hunden doch die Schar kleiner Löwen weiter, die einst um den lebenden Buddha herum spielten. Drohte eine Gefahr, konnte Buddha die Miniaturtiere sofort zu ihrer wahren Größe wachsen lassen – Löwen voller Kraft und Macht. Auch andere Überlieferungen sprechen schon von diesen treuesten Begleitern Buddhas als kleinen, löwenähnlichen Hunden, die sich bei jeder Bedrohung ihres Herrn in große, schützende Raubtiere verwandeln konnten. Stark stilisiert tragen noch heute acht dieser mythischen Tiere den Thron des Dalai Lama, und auch Tibets einstige Landesfahne zeigt sie in heraldischer Verfremdung.

Eine eigene Rasse waren sie jahrhundertelang nicht – als „heilige Hunde" aber wurden sie mehr oder weniger rein gezüchtet, immer mit dem Anspruch, einem kleinen Löwen zu ähneln. Je nach Gebiet, Distrikt und ästhetischen Vorlieben der jeweiligen Besitzer, die überwiegend in Klöstern lebten, mögen so die unterschiedlichen Rassetypen entstanden sein. Sie wurden zu den Ahnen all der Schoßhunde, die im Westen seit rund 100 Jahren als Abkömmlinge der „heiligen Hunde" Tibets gelten.

Fünf Rassen erheben heute, fern von Tibet, den Anspruch, aus dem uralten Adel heiliger Mönchshunde zu stammen: Der Lhasa Apso, der Shih Tzu, der Pekinese, der Tibet-

Do Khyis werden als ein wichtiger Bestandteil tibetischer Kultur angesehen. Auch der Dalai Lama hielt bis zu seiner Vertreibung aus Tibet einige dieser schönen Hunde. Für die kleinen Mönche in diesem Kloster der Hauptstadt Kathmandu ist Sambho ein wunderbarer Spielgefährte.

Terrier und der Tibet-Spaniel. Wahrscheinlich ist, daß sie alle den verschiedenen Formen des Lago Khyi, einem Kleinhund, ihre Existenz verdanken. Die rassetypischen Trennungen von heute sind dabei sicher schon sehr früh vorgekommen, denn die „Handhunde" aus Tibet hatten bereits vor der Zeitenwende Zugang zum chinesischen Herrscherhof, wo stilisierte und miniaturisierte Abbilder der Natur, ähnlich der später in Japan zu höchster Kultur entwickelten Bonsaikunst, als besonderes Zeichen verfeinerter Lebensart galten.

Die Legende der „heiligen Hunde" entspringt einer Überlieferung, nach der Buddha stets von einer Schar kleiner Löwen umgeben war, die sich bei Gefahr in mächtige Raubtiere verwandeln konnten. Seither werden Hunde gezüchtet, die diesen treuesten Gefährten Buddhas möglichst ähnlich sein sollen.

Schon 500 v. Chr. wurden in China diese kleinen Kreaturen schriftlich erwähnt, wenig später eine Ha Pa genannte Hundeart, die sich unter den niedrigen Tischen der wohlhabenden Chinesen aufzuhalten pflegte. Im 17. Jahrhundert tauchte in einem kaiserlichen Wörterbuch ein Tschin Mao Shih Tzu genannter Hund auf, ein goldfarbenes Löwenhündchen. Ein ähnliches Tier wird auch vier Jahrhunderte früher von Marco Polo nach seiner Rückkehr aus dem Fernen Osten in Venedig erwähnt.

Als Shih Tzu Khyi und Apso wurden diese Hunde im Westen erst durch Entdecker, Reisende und englische Kolonialoffiziere der Neuzeit bekannt. Shih Tzu Khyi heißt einfach „Hund von tibetischer Art", und Apso bezeichnet lediglich ein besonderes Merkmal der Tiere, den „haarigen Schnauzbart". Wesentliche Unterschiede zwischen beiden scheinen ursprünglich nicht bestanden zu haben.

In ihrer Heimat Tibet sowie in den buddhistischen Klöstern Indiens und Nepals, wo die Tibeter Asyl fanden, sind diese Hunde keineswegs so standardisiert, wie sie sich uns durch die westliche Rassezucht präsentieren. Wir treffen Lhasa Apsos, die durchaus auch Tibet-Terrier sein könnten, und Shih Tzus, die sich nur durch etwas weniger verkürzte Nasen von Pekinesen mit ihrem typischen Kurzgesicht unterscheiden.

Jay Singh, ehemaliger Präsident des Hundeklubs von Nepal und ausgezeichneter Kenner aller Rassen des Himalaya-Gebiets, hatte uns bereits darauf aufmerksam gemacht, daß die westlichen Nomenklaturen im Rassengemisch besonders der Zwerghunde seiner Heimat wenig Bedeutung hätten. Und daß das zunehmende Interesse westlicher Käufer an Schoßhunden zu einer starken Zunahme von Apso-, Shih Tzu-, Terrier-, Spaniel- und Pekinesen-Züchtungen vor allem in der Hauptstadt Kathmandu geführt habe. Reinrassig seien sie sicher alle, al-

DIE TIBETER

lerdings in dem Sinn, daß sie auf Ahnen aus dem einen oder anderen der vielen buddhistischen Klöster zurückgingen. „Heilige Hunde" nach dem alten Glauben auch, weil sie an Buddhas Löwen erinnern sollen. Ihren eigentlichen Wert im Auge des westlichen Käufers aber gewännen sie erst durch ihre Herkunft aus dem mit Mythen und Legenden überreich gesegneten Nepal.

Verdienstvoll ist die von England ausgegangene und nun überall im Westen betriebene Zucht trotz ihrer fraglichen Ausgangshypothesen der scharf getrennten Rassen nur, weil diese Hunde in ihrem mutmaßlichen Entstehungsland Tibet äußerst bedroht sind. Ganz besonders gilt das für die großen Do Khyi. Die Chinesen, die 1959 Tibet besetzten, hatten die Haus und Herden schützenden Tiere der einheimischen Bevölkerung schnell als einen entscheidenden Pfeiler der tibetischen Bauern- und Nomadenkultur erkannt, in ihren Traditionen und in ihrer Religion fest verankert. Selbst der Dalai Lama, der Gottherrscher im Potala-Palast von Lhasa, hielt bis 1959 – bis zu seiner Vertreibung – einige dieser großen Schutzhunde in seinem Sommergarten. Eine Halskrause aus rotgefärbten Yakhaaren betonte den Löwenkopf seiner Tiere.

Die Chinesen eröffneten die Jagd auf die Hunde. Zunächst noch einer allgemeineren Order von Staats- und Parteichef Mao Tse-tung folgend, nach der alle unnützen Fresser des Riesenlandes zu vernichten seien. Alle nur erdenklichen Singvogelarten, die der Staatsapparat als

Nepal ist von dem faszinierenden Gemisch verschiedener Rassen und Volksgruppen geprägt. Gegenseitige Toleranz und gute Nachbarschaft haben hier eine lange Tradition. Trotz seiner Armut ist Nepal darüber hinaus offen für Flüchtlinge, die diese Bedingungen in ihren Heimatländern nicht vorfinden.

Eine der bekanntesten tibetischen Volksgruppen, die Sherpas, ist schon vor über 500 Jahren nach Nepal eingewandert. Als Hochgebirgsvolk zeigten sie besonderes Talent als Begleiter von Bergexpeditionen und haben dafür Berühmtheit erlangt. Fälschlicherweise wird deshalb oft angenommen, „Sherpa" sei gleichbedeutend mit „Bergführer". Tatsächlich bedeutet Sherpa „Volk aus dem Osten" und bezeichnet ihr ursprüngliches Herkunftsgebiet im Osten Tibets.

Mit der gewaltsamen Annexion Tibets durch China 1959 setzte ein gewaltiger Flüchtlingsstrom ein. Nach Schätzungen sind rund 100 000 Tibeter seitdem aus ihrer Heimat geflohen. Viele folgten dem Dalai Lama, dem geistigen und weltlichen Oberhaupt der Tibeter, der zu Beginn der Besetzung nach Indien geflohen war. Bis heute und unter anhaltendem Assimilierungsdruck durch die Chinesen kommen ganze Familien und Dorfgemeinschaften auch in das ihre Religion und Lebensweise achtende Nepal, wo die tibetischen Flüchtlinge Asylstatus genießen. Allein dort wird ihre Zahl auf etwa 15 000 geschätzt.

Das zur Hälfte aus seßhaften Bauern, zur anderen Hälfte aus bäuerlichen Nomaden bestehende Volk hat hier keine Anpassungsschwierigkeiten, vor allem nicht unter der im Norden Nepals überwiegend buddhistischen Bevölkerung. An das harte Leben in den Bergen gewöhnt, finden die Emigranten hier durchaus ähnliche Umweltbedingungen wie in ihrer Heimat.

Ihre Haustiere, vor allem Yaks und von ihnen abstammende Mischlinge, dazu Ziegen und Schafe, seltener auch Pferde, und die unentbehrlichen Schutzhunde für das Vieh bringen sie mit. Eine effektive Grenzkontrolle ist im unwirtlichen Hochgebirge kaum möglich. Deshalb gelangen auch noch immer Handelskarawanen aus Tibet nach Nepal – die Tibeter gelten traditionell als geschickte Händler. Vor allem importieren sie das für den in beiden Ländern als Nationalgetränk geschätzten Buttertee unentbehrliche Salz.

Getreideräuber verdächtigte, fielen dieser Verfolgung zum Opfer ebenso wie Hunde und Katzen. Ratten- und Mäuseplagen in den Kornkammern sowie eine Zunahme von Schadinsekten auf den Feldern waren die Folge. Erst 1976, nach Maos Tod, ebbte die Verfolgung in China allmählich ab. In Tibet wurde sie in dem Bemühen, den chinesischen Hegemonie-Anspruch durch die Zerstörung traditioneller einheimischer Strukturen auszubauen, fortgeführt.

Ihr erstes Opfer, noch vor den Menschen, war „das Erbe des

Heute gehen fünf Rassen auf das Erbe der Löwenhunde zurück: Lhasa Apso, Shih Tzu, Pekinese, Tibet-Terrier und Tibet-Spaniel. Die strikte Rassentrennung westlicher Züchter ist in der Heimat dieser Hunde allerdings unbekannt.

Himalaya", wie Jay Singh die nun in ihrer Heimat von der Ausrottung bedrohten Do Khyi nennt. Er bemüht sich seit mehr als 20 Jahren um deren Erhalt. Singh ist mit ihnen aufgewachsen, auch sein Vater, einst Raja von Tholara, hatte die Hunde aus Tibet gehalten, zum Schutz des Palastes und als Statussymbole.

Bedroht sind die Hunde auch in ihrem Asylland Nepal: durch zunehmenden Verkehr und Tourismus, durch Veränderungen in den Lebensgewohnheiten der verschiedenen Völker und Stämme. Wo früher noch durch die Unzugänglichkeiten eines Bergtals lokal eindeutig definierte Landrassen entstehen konnten und stabil blieben, ziehen nun neben den Menschen aus der Fremde auch deren Begleittiere durch. Das Ergebnis sind immer häufiger gemischtrassige Pariameuten.

Doch auch die haben wir lieben gelernt. Ganz besonders auf dem kleinen Flughafen von Nepalganj, im Südwesten des Landes, als wir nach einer Expedition in den Norden mit unserer kleinen Twin Otter dorthin zurückkehren. Schwanzwedelnd und voller Wiedersehensfreude begrüßen sie uns bereits an der Treppe der Maschine. Wir hatten Bekanntschaft mit ihnen gemacht, als wir einige Wochen zuvor hier auf den Abflug warteten. Ein paar Leckerbissen hatten damals genügt, um Freundschaft mit ihnen zu schließen.

Und nun stehen sie da wie eine große Familie, die ein lange vermißtes Mitglied wieder in ihrem Kreis willkommen heißt. Ein rührender Empfang in der Fremde, der uns diese Parias ebenso ins Herz schließen läßt wie die mächtigen Do Khyis oder die wuscheligen Apsos in den Bergen und Klöstern. Viel besser noch verstehen wir jetzt die buddhistische Weisheit, die uns auf dieser Reise in Gedanken immer begleitet hat: „Der Umgang mit einem Hund tut dem Menschen wohl."

DER LHASA APSO

Erst 1921 gelangten die ersten dieser bei der religiösen Oberschicht im alten Tibet so beliebten Kleinhunde nach Europa und in die Vereinigten Staaten. Durch sein stolzes Auftreten, das ausgeglichene Temperament und den enormen Mut wurde die Rasse schnell bekannt und beliebt. Sie ist seit 1934 von der FCI anerkannt und in die Gruppe 9, die Gesellschafts- und Begleithunde, eingeordnet. Der Lhasa Apso ist rund 28 Zentimeter groß und bis zu 7 Kilogramm schwer. Er hat einen markanten Kopf, der vollständig vom langen, schweren Haar bedeckt ist, das auch den Körper umgibt. Die Rute wird über dem Rücken getragen, auch sie ist mit üppigem Haar bedeckt. Der Lhasa Apso wird in den Farben Gold, Sandfarben, Grau und Schwarz sowie den zwischen Sand- und Goldfarben liegenden Schattierungen gezüchtet. Auch dreifarbige Lhasa Apsos sind zugelassen.

In der Familie ist der Lhasa Apso ein treuer, anhänglicher, sogar verschmuster Hund, der allerdings sehr wachsam ist und Unbekanntes verbellt. Fremden gegenüber zeigt er die gleiche Reserviertheit wie andere Löwenhündchen. Das Fell ist pflegeintensiv und muß täglich gebürstet werden. Die Erziehung ist einfach.

Die Rassebezeichnung Lhasa Apso ist in seinen Ursprungsländern unbekannt. Als Apso bezeichnet man dort alle kleinen langhaarigen Hunde, deren Entstehung auf die Legende von Buddhas Löwen zurückgeht. Erst westliche Züchter differenzierten die verschiedenen Schläge, wahrscheinlich entstanden durch lokale Unterschiede der Hundezucht in den abgelegenen Klöstern, zu getrennten Rassen. Tibet-Spaniel, Tibet-Terrier, Shih Tzu und Pekinese gehen deshalb wahrscheinlich ebenfalls auf die ursprünglichen Klosterhunde zurück.

Kontakt:

Internationaler Club für Lhasa Apso und Tibet-Terrier Horst Fischbach Gute Garten Straße 8 64291 Darmstadt	Internationaler Klub für Tibetische Hunderassen Gerti Bracksiek Am Walde 3 33813 Oerlingshausen Tel.: 05202 / 4165	Spezialclub für Tibet-Terrier und Lhasa Apso e.V. Martha Laudenberg Kettenberg 11 51515 Kürten	Internationaler Shih Tzu Club e.V. Brigitte Gerigk Enzianweg 16 83052 Götting

DER DO KHYI

Als Tibet-Mastiff brachten die Engländer schon Anfang des Jahrhunderts einige der großen, schweren Hunde nach Großbritannien und züchteten sie p anmäßig weiter. Seit den 70er Jahren werden die bei uns als Tibet-Doggen bekannt gewordenen Tiere auch im deutschsprachigen Raum gezüchtet. Von der FCI sind sie unter der Reg.-Nr. 230 als Vertreter der Gruppe 1 (Hüte- und Treibhunde) in der Sektion der Molosser (Berghunde) anerkannt, benannt nach den doggenähnlichen Kampfhunden des Altertums.

Do Khyi ist ein imposanter Hund von mindestens 65 Zentimeter Schulterhöhe und einem Gewicht bis 82 Kilogramm. Er hat einen breiten, massigen Kopf, einen schweren Rumpf und gut gewölbte Rippen hinter der breiten Brust. Das gerade Haarkleid ist nur im Gesicht kurz, sonst lang und dicht mit schwerer dicker Unterwolle. Es braucht trotzdem nur wenig Pflege, denn es verfilzt nicht. Die anerkannten Fellfarben sind Tiefschwarz, Schwarz mit Loh, Goldbraun, Schiefergrau mit oder ohne Loh.

Der Do Khyi weist noch alle seiner ursprünglichen Eigenschaften auf. Er ist zwar ein ruhiger, selbstbewußter Hund, doch er hat einen ausgeprägten Schutzinstinkt und bleibt Fremden gegenüber mißtrauisch und reserviert. In der Familie zeigt er sich gutartig, aber auch dickköpfig und eigeninitiativ. Deshalb gehört er nur in die Hände von Hundekennern, die ihn geduldig und konsequent erziehen.

Kontakt:
Thomas Wechsler
Grellinger Str. 95
CH-4208 Nünningen
Tel.: 0041 / 61 / 791 06 59

MAROKKO

DIE ERBEN KITMIRS

„Sein Herr ist ihm wie ein Diener. Nachts ruht er bei
seinem Hund und bettet ihn auf dem eigenen Lager, daß er
des Tags als stolzer Krieger neben ihm gehe."

Hasan Abu Nuwas, Hofpoet von Harun ar Raschid, Bagdad, ca. 790 v. Chr.

Sandfarben, langbeinig, hochnäsig: Als schritten die Heiligen Drei Könige zur Audienz, federt das Sloughi-Trio an der Seite seines Herrn durch die sich bereitwillig öffnende Gasse im Spalier der Zuschauer. Die Hunde sehen jeden und alles, doch nichts oder niemanden scheinen sie anzuschauen. Ungerührt gewähren sie den Menschen nur die Gunst ihrer Anwesenheit.

Dabei ist das ihr Fest. Einmal im Jahr findet es hier an den Hängen des Antiatlas im Südwesten Marokkos statt und bringt Menschen und Hunde aus dem ganzen Königreich zusammen. Mehr als 500 Kilometer sind zum Beispiel Mohammed und Mokhtar aus der Gegend von Marrakech hierher mit einem Leihauto gereist – auf der Ladefläche Proviant, Datteln, Wasser und ihre Sloughis.

Jetzt ziehen sie auf dem Dorfplatz von Imin Tatelt ein, dem kleinen Douar, in dem Jäger und Jagdhunde sich treffen. Es ist ein heiliger Ort, geweiht dem Marabout Yakoub, dem Weisen und Schriftgelehrten. Ben Yakoub nennen sich seine Bewohner, Söhne des Jakob, und viele nennen so auch die malerisch zwischen zwei Berghängen ruhende Siedlung, die nun für drei Tage zum Jahrmarkt wird.

Ein Jahrmarkt der Frömmigkeit und der Eitelkeiten. Singend und betend kommen die Jäger daher. Anders als ihre Hunde genießen sie die Aufmerksamkeit, die die eleganten Tiere erwecken. Die Ben Yakoub stehen glücklich und begeistert dichtgedrängt nebeneinander, obwohl sie von dem jährlich stattfindenden Fest die Sloughis besser als viele andere Marokkaner kennen.

„Es ist eben immer wieder etwas Besonderes, diese wunderbaren Tiere ganz aus der Nähe zu sehen", sagt uns der Wasserverkäufer, der vor lauter Enthusiasmus seine Erfrischungen an die Kinder diesmal gratis verteilt. Das kann er sich leisten, denn er und seine Nachbarn erwarten eine Entschädigung, die das Dorf in Form von Naturalien jedesmal dafür erhält, daß es den Jägern und Pilgern Gastrecht gewährt.

14 Rinder haben die Besucher in diesem Jahr mitgebracht. Nach mohammedanischem Ritus werden sie auf dem Dorfplatz geschlachtet. Das Fleisch bekommen anschließend die Gastgeber. Ein guter Grund, den weisen Marabout, der gelegentlich sogar noch Wunder vollbringen soll, auch Jahrhunderte nach seinem Tod noch zu feiern, ebenso wie die Spenden, die viele fromme Pilger an seiner Grabstätte hinterlassen.

Ein kleines, aber wichtiges Wunder scheint er auch diesmal bewirkt zu haben: Die Sloughi-Jäger bleiben in diesem Jahr in Imin Tatelt ganz unter sich. Der gefürchtete Jagdaufseher aus der zuständigen Provinzhauptstadt Tata ist nicht erschienen. Denn er könnte die Hunde beschlagnahmen: Schon lange ist die Jagd mit den schnellen Sloughis auch in dieser Gegend verboten.

Deshalb wird zu solchen Sloughi-Treffen auch nur hinter vorgehaltener Hand eingeladen und manchmal wird es – so zum Beispiel im Jahr zuvor – sicherheitshalber kurzfristig verschoben. Wir sind stolz, daß wir das Ereignis, das einer jahrhundertealten Tradition folgt, dokumentieren können. Schön, daß der Jagdaufseher den beschwerlichen Weg durch die Berge gescheut hat. Vielleicht haben ja die Gebete des einen oder anderen Jägers das kleine Wunder bewirkt – Jakob sorgt für die Seinen!

Und er sorgt damit auch für die Sloughis. Denn dieses Treffen ist für die Erhaltung der Art, für die Reinerbigkeit und Qualität der Rasse ungeheuer wichtig. Was hier geschieht, hat die Bedeutung großer Hundeschauen in Europa. Mokhtar verrät uns: „Wenn ich sehe, daß hier jemand einen besseren Hund hat als ich, versuche ich im nächsten Jahr mit einem noch besseren Tier wiederzukommen." Das Fest von Ben Yakoub ist damit auch eine Art ursprüngliche Leistungsschau, auf der immer wieder Klasse und Standard der Sloughis geprüft, verglichen und verbessert werden.

Alljährlich treffen sich in einem entlegenen Wallfahrtsort im Antiatlas die Sloughi-Jäger Marokkos. Drei Tage lang finden zu Ehren eines verstorbenen Heiligen rituelle Schlachtungen, religiöse Zeremonien und Jagden mit den edlen Windhunden statt.

Gelegenheit dazu bietet auch der eigentliche Höhepunkt des Treffens: Nach dem Abschluß der religiösen Feier beginnt die Jagd, das große gesellschaftliche Ereignis für die Sloughi-Besitzer. Diesmal sind mehr als 40 Hunde auf der Pirsch durch die Halbwüste, die steinige, dornige Steppe und die in ständig wechselnden Farben leuchtende Mondlandschaft der Sanddünen. Freilich ist es eine andere Jagd, als sie einst reiche Berberfürsten hier betrieben. 1912 hatte der Sloughi-Freund August le Gras im Deutschen Windhund-Zuchtbuch

Vor wichtigen Anlässen werden die Sloughis mit Henna bemalt. Symbole wie die Hand der Fatima etwa, der Tochter des Propheten Mohammed, sollen den kostbaren Hund vor dem „bösen Blick" neidischer Nachbarn beschützen.

das Spektakel so geschildert: „Die Sloughis werden auf die Pferde aufgehoben und von dem Reiter mit der linken Hand gehalten. Die rechte Hand hält den Zügel. Dann kommt eine Herde Gazellen, noch ziemlich weit, in Sicht. Vorwärts jetzt, ventre à terre.

Die Reiter gebückt über die Hälse ihrer Pferde, die Burnusse nach hinten wehend, Wolken von Sand erheben sich. Dann aber haben die Gazellen ihre Erzfeinde, die Menschen, gesehen. Sie flüchten. Jetzt kommt der Sloughi an die Arbeit. Der Reiter ermutigt ihn, läßt ihn los, er springt zu Boden, ganz frisch, und wie der Wind geht es hinter den Gazellen her, gedeckt durch seine Sandfarbe.

Sloughi und Boden sind eins, bis, leider zu spät, die Gazelle den neuen Feind dicht hinter sich sieht. Nur einige Sprünge und es ist aus; erwürgt ist das feine, schlanke Tier. Der Sloughi wartet nun, bis sein Meister gekommen ist und seine Schnelligkeit und Jagdlust belohnt."

Das ist heute, fast ein Jahrhundert später, nur noch eine Fata Morgana – keine Jagd zu Pferde mehr und keine Gazellen im weiten Land. Aber eins ist noch genauso wie früher, deshalb noch einmal August le Gras: „Wunderschön ist es, einen Sloughi im Felde zu sehen, wie er Riesensprünge macht, wie er jeden Hügel ersteigt, um weit sehen zu können, wie alles an ihm lebt und bebt; wie erregt er ist, wie sein Auge leuchtet. Und welche Ausdauer, welche Lungen! Nie keucht er, immer frisch, mutig und unermüdet."

So erleben auch wir die Hunde – ohne Gazellen zwar, und nur mit ein paar Hasen als Beute –, aber dennoch mit der gleichen Freude, mit nahezu olympischer Begeisterung: Nicht Sieg und Beute sind das Ziel, sondern Mitmachen und Dabeisein. Mag auch der Jagdaufseher drohen: Nur so können die Sloughis und ihre Herren das uralte Erbe, ihren Lebensstil, ihre Kultur und ihre Tradition bewahren.

In Nordafrika, Nahost und im Vorderen Orient, von Persien über die Arabische Halbinsel bis zum Atlantik, überall gab es schon in frühgeschichtlicher Zeit schlanke, sichtjagende schnelle Hunde, wie sie bereits in den Pharaonengräbern des alten Ägypten abgebildet sind. Nur wenige anerkannte Rassen haben sich daraus bilden können: der Saluki im Osten, der Sloughi in Marokko und Tunesien und der Azawakh in Mali, Niger, Burkina Faso und im Tschad.

Verwandt aber sind sie alle miteinander, regional nur unterschiedlich gezüchtet und eingesetzt worden. Möglicherweise sind windhundartige Parias, die vor 10 000 Jahren mit ihren Menschen im Vorderen Orient lebten, ihrer aller Ahnen, vielleicht haben gallische Windhunde, von den Römern insbesondere nach Nordafrika gebracht, das heutige Aussehen der Tiere beeinflußt. Bestimmt aber sind sie das Ergebnis eines ganz besonderen Bundes zwischen Mensch und Tier, der nur auf der Hetzjagd durch den heißen Wüstensand geschlossen werden konnte.

Sogar der Islam, der sonst den Hund zu den unreinen Tieren zählt, hat diesen Bund besiegelt. In der 18. Sure seines heiligen Buches, des Koran, wird von den Sieben Schläfern erzählt, die ihres Glaubens wegen verfolgt wurden und sich in eine Berghöhle flüchteten. Einer von ihnen hatte Kitmir dabei, seinen Lieblingshund. Der hätte bellen und sie so verraten können, fürchteten die Männer und versuchten, das Tier zu verjagen. Doch Allah gab Kitmir die Gabe des Wortes, und der Hund sprach: „Ich liebe alle die, die Gott teuer sind. Geht also schlafen, ich werde euch bewachen." Kitmir hielt sein Wort, 309 Jahre lang, dann wurden die sieben gefunden, und Kitmir erlaubte ihnen zu erwachen. Zum Dank für seine Treue wurde das Tier nach seinem Tod mit dem Einzug ins Paradies belohnt.

Obwohl die Sure nichts über Kitmirs Rasse aussagt, sieht die Legende in ihm einen Sloughi, so, wie sie auch dem Propheten Mohammed selbst ein Tier der gleichen Rasse als

Das heilige Buch des Islam berichtet, wie einst ein Hund sieben junge Männer beschützte, die wegen ihres Glaubens verfolgt wurden. Zum Dank erhielt der Hund, Kitmir, von Mohammed Einlaß ins Paradies.

In den kleinen Douars, den auf dem Land verstreuten marokkanischen Dörfern, hat sich die Tradition der Sloughi-Zucht bis heute erhalten. Mohammed und Mokhtar waren aber nur zögerlich bereit, uns ihre Hunde zu zeigen. Zu frisch ist die Erinnerung an die französischen Kolonialherren, die, fasziniert von deren Schönheit, die edlen Hunde ihren Besitzern stahlen.

MAROKKO

Marokko liegt im Nordwesten Afrikas und ist von Europa nur durch die 13 Kilometer breite Straße von Gibraltar getrennt. Etwa 26 Millionen Menschen bewohnen das Land, das mit einer Fläche von 710 850 Quadratkilometern (einschließlich der von Marokko besetzten Teile der Westsahara) rund doppelt so groß ist wie Deutschland.

1956 wurde Marokko von den Kolonialmächten Spanien und Frankreich in die Unabhängigkeit entlassen. Seitdem ist das Land laut Verfassung eine konstitutionelle, demokratische und soziale Monarchie. Tatsächlich vereint König Hasan II. in seiner Person die weltliche und geistliche Macht in Marokko. Alljährlich zu seinem Thronjubiläum verpflichten sich ihm die führenden islamischen Geistlichen, die Führer der Parteien und andere Würdenträger stellvertretend für das ganze Volk durch ihren Treueschwur zum Gehorsam.

Touristische Hauptattraktion ist die Vielfalt des Landes: In Marokko finden sich Meer und Wüste genauso wie schroffe Gebirgsregionen, alte Königsstädte mit dem Flair von Tausendundeiner Nacht ebenso wie entrückte Bergdörfer. Durch das Land ziehen sich die drei großen Gebirgsketten des Atlas parallel in südwestlich-nordöstlicher Richtung: der bis 3440 Meter hohe und etwa 400 Kilometer lange Mittlere Atlas, der über 4000 Meter hohe und 800 Kilometer lange Hohe Atlas und der bis zu 2500 Meter hohe und 300 Kilometer lange Antiatlas. Nördlich der Gebirge liegen fruchtbare Ebenen, südlich beginnt die Sahara mit steppenartigen Halbwüsten, durchsetzt von Oasenketten.

Begleiter zuwies. Neben der Unentbehrlichkeit bei der Jagd ist es dieser Mythos, der erklärt, warum die edlen Windhunde, Kitmirs Erben, im Orient eine so hohe Wertschätzung, eine Sonderstellung unter allen Hunderassen genießen.

Der französische General und Hippologe Daumas beschreibt dies anschaulich in seinem 1853 erschienenen Buch „Die Pferde der Sahara": „Hier, wie in allen übrigen Ländern der Araber, ist der Hund nicht mehr als ein vernachlässigter, beschwerlicher Diener, welchen man von sich stößt, wie groß auch die Nützlichkeit seines Amtes sei, gleichviel, ob er die Wohnung bewachen oder das Vieh hüten muß: Nur der Windhund allein genießt die Zuneigung, die Achtung, die Zärtlichkeit seines Herrn. Der Reiche sowohl als der Arme betrachten ihn als den unzertrennlichen Genossen aller ritterlichen Vergnügungen, welche die Beduinen mit so großer Freude üben. Man hütet diesen Hund wie seinen eigenen Augapfel, man gibt ihm sein besonderes Futter, läßt ihn, sozusagen, mit sich aus einer Schüssel speisen und sieht mit großer Sorgfalt auf die Reinhaltung der Rasse. Ein Mann der Sahara durchreist gern seine zwanzig, dreißig Meilen, um für seine edle Hündin einen edlen Hund zu finden."

Heute reist er der Sloughis wegen sogar schon einmal einige hundert Meilen, wie wir im Dorf der

Söhne Jakobs feststellen konnten. Die Sloughi-Zucht, einst weit verbreitet in den Maghreb-Staaten, hat viele Rückschläge erlitten, was unter anderem mit dem Niedergang der Macht von Provinzfürsten und Landadligen im Königreich Marokko zusammenhängt.

Marokko, ehemals französisches und spanisches Protektorat, wurde 1956 in die Unabhängigkeit entlassen. Eine der ersten Verfügungen von Sultan Mohammed V., der 1957 den Königstitel angenommen hatte, betraf die Enteignung der reichen und mächtigen Scheichs in seinem Lande. Sie verloren Steuer- und Lehensrechte, Ländereien und mit den daraus resultierenden Einkommensverlusten auch die Möglichkeit, ihre riesigen Hundezwinger zu erhalten. In einigen lebten davor mehr als 200 reingezüchtete Jagdsloughis.

Die weiten Ebenen am Rande der Sahara sind die Heimat der Windhunde. Hier entwickelten die Sloughis über Generationen hinweg ihr ausdauerndes Laufvermögen.

Vergleichbar sind die Folgen für die Hundezucht mit denen im Anschluß an die Oktoberrevolution 1917 in Rußland. Auch dort kam damals die von der Aristokratie betriebene Hundezucht fast zum Erliegen. Die Barsois, Rußlands Wind- und Hetzhunde, blieben schließlich allein durch das Engagement einiger Emigranten und Enthusiasten im Ausland der Hundewelt erhalten. Allerdings unter Opfern: Keine noch so sorgfältige Zuchtwahl, weder Liebe, Fürsorge noch Sachverstand konnten die verlorengegangenen Lebensbedingungen Rußlands ersetzen – aus Arbeitstieren in der Steppe waren Müßiggänger auf dem Boulevard geworden.

Ein Schicksal, das auch die Sloughis in Marokko hätte treffen können, wenn nicht engagierte Freunde dieser Rasse den Tieren ein Überleben im eigenen Land ermöglicht hätten. „In seiner Existenz bedroht", nannte noch 1968 der französische Experte Pierre Durel den Sloughi, der zunächst seine Zuchtheimat an den Höfen verloren hatte und durch das inzwischen fast überall ausgesprochene Verbot der Jagd mit Windhunden schließlich auch seine Funktion. Bitter resümierte Durel, „nicht die Jagd mit dem Sloughi, sondern der Sloughi selbst" sei illegal geworden.

Rettung kam von Menschen wie ihm – Europäern, die sich für die alte Rasse einsetzten. Unter ihnen vor allem die nach Marokko emigrierte, inzwischen verstorbene italienische Prinzessin Ruspoli: Ihre Sloughi-Zucht – bis zu 60 Tiere hielten sich bisweilen in ihrem Palast und den großzügigen Gärten auf – konnte sich mit der von so manchem Scheich in der Ver-

gangenheit betriebenen Zucht durchaus messen. Zum Beispiel mit dem Sloughi-Zwinger, den in den 30er Jahren der Onkel des damals regierenden Sultans bei Safi, südlich von Casablanca, unterhielt: Eine Schar von Dienern betreute dort eine Meute von 60 bis 70 erwachsenen Tieren, dazu noch 40 bis 50 Welpen. Darüber hinaus wurden in Stallungen 15 Pferde gehalten, mit denen die Hunde zur Jagd abgerichtet wurden.

Die Lieblingshunde des Scheichs begleiteten ihren Herrn auf Empfänge und lagerten dort auf ihren eigenen Kissen. Um ihren Adel sichtbar zu machen, trugen sie Silbermedaillons auf der Brust, in die ihr Stammbaum graviert worden war. Sloughis, die sich als Jäger von Wildschweinen einen Namen gemacht hatten, konnten stolz ein paar Eberhauer auf ihrem Halsband vorführen – vergangene Zeiten.

Enteignungen, Jagdgesetze, die fortschreitende Kultivierung ehemaliger Jagdgebiete, Industrialisierung und der zunehmende Einfluß der westlichen Zivilisation haben das Leben der Hunde und der Menschen gravierend verändert. Jagdbares Wild ist fast überall verschwunden, nur die Hatz auf Hasen, Fenneks, Schakale und Kaninchen blieb übrig. Zum Erstaunen der Sloughi-Freunde genügte dies, um den Trend in den 70er Jahren umzukehren.

Den Anfang machten Europäer, längst nicht alle so reich wie die italienische Prinzessin, aber genau wie sie engagierte Liebhaber der schönen Tiere. Danach folgten Marokkaner, die den Traditionshund ihrer Heimat nicht aufgeben wollten. Sie alle halten Sloughis meist unter städtischen oder halbstädtischen Bedingungen – für ihre Hunde muß der Rennplatz das weite Feld ersetzen.

Immer häufiger aber sind Sloughis auch wieder in der Provinz zu finden, bei Bauern und Hirten, die ihre Tiere zur Jagd auf Schakale verwenden, so wie einst die Barsois in Rußland Wölfe gehetzt hatten. Ingeborg und Eckhart E. Schritt beschrieben 1992 die Situation auf dem Lande so: „Je weiter ab von den Errungenschaften und Eingriffen der Zivilisation, desto besser sind die Voraussetzungen für den Sloughi und sein ungestörtes Dasein nach alter Tradition. Dort besteht einfach eine gewachsene Beziehung der Leute zu der Rasse, die auch Regierungserlasse bezüglich der Jagd nicht zerstören konnten."

Und die sich auch nicht zerstören läßt, wie uns der Besuch in Imin Tatelt beweist. Enthusiasmus der einen und Dickköpfigkeit der anderen hätten aber allein nicht ausgereicht, den Sloughi vor dem Rassetod zu bewahren. Hinzu kam der Stolz: Als einziges Land Nordafrikas schloß sich Marokko der Internationalen Hundezucht-Föderation (FCI) an, seit 1973 bestimmt es den Standard der Rasse, und heute sorgt ein inzwischen gegründeter marokkanischer Sloughi-Club für die Einhaltung von dessen Regeln.

Marokkos König Hasan trägt dazu bei, das Tier in seine uralten Rechte wieder einzusetzen, schließlich gelten die Sloughis als Nationalrasse. Neben einer Meute bester Hunde besitzt er auch eigene Jagdreviere, inklusive Gazellen. Was die Unter-

DIE BERBER

Die alten Griechen sahen sich selbst als gebildetes und kultiviertes Volk, alle anderen, unverständliche Sprachen „stammelnden" Völker als „barbaroi". Warum dieser Begriff sich nur noch für die Ureinwohner Nordafrikas gehalten hat, läßt sich nicht mehr nachvollziehen.

Die verschiedenen Berberstämme betrachteten sich selbst nie als eine Einheit und schlossen höchstens wechselnde Bündnisse untereinander. Von den Arabern, die ab dem späten 7. Jahrhundert Marokko eroberten und islamisierten, wurden die Berber in die Bergregionen und ländlichen Gebiete verdrängt. Vor allem die Nomaden sind Berber.

Die Sprache der Berber wird heute nur noch in den Bergen des Rif, im Hohen und im Mittleren Atlas gesprochen. In den Städten und Siedlungen, die als erste unter arabischen Einfluß gerieten, setzte sich die Sprache der Eroberer, vor allem Beduinen aus dem Osten, durch, sicher auch deshalb, weil das Arabische im Gegensatz zur Berbersprache eine Schrift besitzt.

Zu den bis nach Algerien, Libyen und in den Tschad verbreiteten Berber-Völkern gehören auch die nomadischen Beduinen der Sahara und des Sahel: die Tuareg, die mit ihren Azawakhs ähnliche Jagdhunde wie ihre seßhaften oder gleichfalls nomadisierenden Vettern im Norden verwenden. Die ursprüngliche Berberkultur, bis ins Frühmittelalter noch jungsteinzeitlich geprägt, ist heute weitgehend im nordafrikanischen Völker- und Kulturengemisch aufgegangen und hat sich nur in wenigen abgelegenen Gebieten rein erhalten, insbesondere in sozialen und politischen Strukturen der Dorfverwaltung, des Eherechts und der Stellung der Frau, die unter Berbern höher rangiert als unter Arabern. Berberfrauen müssen sich beispielsweise nicht verschleiern und können häufig lesen und schreiben.

tanen nicht dürfen – dem König ist es erlaubt. Aber die Untertanen tun es dennoch. Wir sind Zeugen, bei Jakobs Söhnen und weiter im Norden des Landes. Dort lernen wir neben dem Sloughi auch den „chin" kennen, auf Arabisch den „Hund", nach dessen Berührung sich ein gläubiger Moslem eigentlich die Hand waschen muß. Er fristet ein Dasein, wie der Franzose Daumas es 1853 beschrieb – und schlimmer.

Ein Chin ist ein Pariahund, ein Dorfköter, manchmal ein Streuner, manchmal ein Hofhund. Mohammed, wie fast alle Hofbesitzer, hält ein paar von ihnen in seinem Gehöft auf dem Plateau zwischen Safi und Marrakech. Gefüttert werden sie nicht, ihre Nahrung müssen sich die Tiere selbst suchen, häufig genug aus dem Abfall. Die Sloughis dagegen – sie werden nie einfach als „Hund" bezeichnet – bekommen einen nahrhaften Brei aus Olivenöl und Mehl.

Die einen werden gefüttert, weil sie rein sind, die anderen sind unrein, weil sie nicht gefüttert werden – absurde Konsequenz, die ursprünglich wohl einem uralten Hygienedenken entsprang. Schlimmer aber, was wir am Wegesrand finden, als wir Mohammeds Dorf verlassen. Da liegt, achtlos neben der Straße, der unerwünschte Nachwuchs einer Hofhündin, erschlagen mit einem Stein. Die Hunde starben, weil sie unrein waren und wertlos – ein für Sloughi-Welpen undenkbares Schicksal: Wenn der Besitzer sie nicht behalten will, kann er sie problemlos verkaufen, bisweilen für recht viel Geld.

Wir fahren weiter, Richtung Süden, weg aus dem Sloughi-Land, hinein in den Hohen Atlas. Wüsten, schroffe Gebirge, Palmen und Schnee wechseln sich ab – eine unglaubliche Vielfalt der Landschaften und auch der Menschen. Hier, im ansteigenden bergigen Gelände, treffen wir auf Berbernomaden, die gemeinsam mit den Seßhaften ihres Volkes die Ureinwohner Marokkos sind.

Karg nur wachsen hier Gräser, Kräuter und Büsche aus den Geröllwüsten und den steinigen Matten der Berghänge. Ausreichend aber für die gemischten Schaf- und Ziegenherden der Nomaden, die von robusten, langhaarigen Hirtenhunden begleitet werden. Aidis heißen sie und sind der andere bedeutende Hundetyp des Königreichs Marokko, sozusagen das Gegenmodell zum Sloughi.

Nur in Marokko ist dieser Hund anzutreffen, schon ein paar Gebirge weiter östlich sieht er bereits etwas anders aus. Und doch ist er ein alter Bekannter auf unserer Reise zu den Arbeitshunden dieser Welt: In Nepal trafen wir schon seinen asiatischen Vetter, als Do Khyi, Tibet-Dogge oder Tibet-Mastiff. Hier in Marokko hat er sich zum Aidi entwickelt, ein lebendes Erbe aus der Steinzeit aller Völker.

Rund um das Mittelmeer sind solche Hunde zu finden, in den Gebirgszügen vom Atlantik über Mittel- und Osteuropa, quer durch Kleinasien, vom Kaukasus über den Himalaya bis hin zum Chinesischen Meer. Vermutlich von Osten kommend, haben ihn Krieger und Händler um die halbe Welt mit sich geführt. Überall, wo er seßhaft wurde, bildete sich eine neue „Rasse", nur geringfügig von den Vorfahren zu unterscheiden.

Im Unterschied zu den Sloughis wurde er weder hier noch anderswo sorgfältig gezüchtet – die einzige Auslese erfolgte durch die Natur. Kranke Aidis werden nicht kuriert, schwache nicht aufgepäppelt, Welpen nicht besonders versorgt: Was nicht leben kann, das stirbt eben. Eine brutale Logik, aber sie garantiert eine gesunde Hunderasse, widerstandsfähig in einer unfreundlichen Umwelt, die nur den Fähigsten und Fittesten das Überleben ermöglicht.

Als Bauern-, Hirten- und Treibhunde fassen Kynologen solche Hunderassen zusammen, auch als Kriegshund mögen in frühen Zeiten einige von ihnen Verwendung gefunden haben. Das würde erklären, warum sich ihr Entstehen stets in der Nähe von Stützpunkten, Durchgangsstraßen und militärischen Aufmarschwegen abspielte. Es erklärt auch das offene Mißtrauen und bisweilen aggressive Verhalten, das diese Rassen meistens allem Fremden gegenüber zeigen.

Sie dienen allein den Hirten, denen in den Bergen ihre traditionelle Lebensweise nur mit Hilfe der Hunde möglich ist. Wie die ihnen verwandten Hunde hüten Aidis die Herden nicht, sie bewachen sie nur. Dabei reagieren sie nicht wahllos aggressiv, sondern vermögen zwischen harmlosen Wanderern und Räubern, die der Herde gefährlich werden könnten, zu unterscheiden. Ohne Gnade verfolgen sie dagegen Wölfe und Schakale.

Beschützer wie die Aidis sind die ursprünglichsten Begleiter von Herden. Erst viel später entwickelten sich ihre meist kleineren und wendigeren Verwandten, die Hütehunde, bis

Edel wie die Sloughis sind die Hunde der Berbernomaden sicher nicht, aber den natürlichen Bedingungen und den Ansprüchen ihrer Besitzer sind sie bestens angepaßt. Solche Aidis beschützen nicht nur das Vieh, sondern sichern auch die Lagerplätze der Nomaden in den Bergen gegen ungebetene Gäste - egal, ob Mensch oder Tier.

sich schließlich im Allroundtier wie dem Deutschen Schäferhund die Fähigkeiten zum Schutz und zum Treiben der Herden verbanden. Die Hunde hier im Hohen Atlas sind jedoch noch ganz auf Schutz und Abwehr eingestellt. Die Schutzfunktion ist ihnen dabei genetisch angeboren, die Abwehrfunktion entstand durch den starken Selektionsdruck, den tierische und menschliche Feinde ausübten: Nur starke Tiere überlebten räuberische Angriffe.

Beide Funktionen üben die Aidis in Perfektion aus. Jeder Aidi kennt „seine" Schafe und Ziegen – und das Vieh kennt wiederum „seine" Hunde. Perfekt überwachen die Aidis die Herden, schützen sie bei Wanderungen und verteilen sich beim Grasen der Tiere ganz von selbst auf strategische Punkte, um einen feindlichen Fremden vertreiben zu können. Das zeigt die Qualität dieser Rasse: Menschen müssen ihr keine Befehle geben. Umsicht, Einsicht und Eigeninitiative

Die Marokkaner unterscheiden deutlich zwischen den edlen Sloughis und rasselosen Mischlingen. Obwohl diese häufig als Wachhunde eine nützliche Aufgabe erfüllen, gelten solche „chins" als minderwertig. Anders als die Windhunde werden sie nicht gefüttert, und so ernähren sie sich von Speiseresten und Abfall.

der großen Tiere reichen aus, um ihnen selbst sehr komplexe Abläufe zu überlassen.

Auf der Sommerweide einer Nomadenfamilie treffen wir auf besonders schöne Exemplare: drei große zottelige Hunde, die dem provisorischen Standard, der inzwischen für den Aidi entwickelt wurde, perfekt entsprechen. Kräftig, mächtig und muskulös muß er wirken, sehr tief herab soll sich sein Brustkorb ziehen, an Hals und Kehle wird eine Mähne gefordert. Am wichtigsten aber: Der Pelz des Aidi soll einem Panzer gleichen, der ihn in den Kämpfen gegen verschiedene Raubtiere und gegen die Witterung schützt.

Die drei aus dem Hohen Atlas zeigen all diese Merkmale und noch viele andere, die mehr ästhetischen Wert haben, als daß sie die Leistungsfähigkeit der Tiere definieren: trockene Lippen zum Beispiel, mit schwarzen oder braunen Konturen, immer in Übereinstimmung mit Nasenspiegel und Fellfarbe. Nicht alle Aidis, die wir unterwegs treffen, können damit aufwarten – allzu leicht mischen sich die Nomadenhunde mit den Parias in den Dörfern.

Dennoch soll der Aidi, bislang noch häufig als Hirtenbastard beschimpft, als weitere marokkanische Hunderasse demnächst offiziell anerkannt werden. Ein Hund für die Stadtwohnung wird er dadurch noch lange nicht. Zu sehr sind Lebensraum und Lebensstil dieser Tiere miteinander verbunden. Darin ähnelt er dem Sloughi. Auch der ist kein verwöhntes, edles Luxustier, sondern auf seine Weise und in seinem speziellen Milieu, der offenen, trockenen, kargen Landschaft, ein genauso harter Arbeiter.

Ein Leben als „Haus"-Tier würde beiden einen wesentlichen Teil ihrer Identität rauben. Deshalb büßte der Barsoi ein Stück seines Wesens ein, und so verloren auch einige Terrier ihre ursprüngliche Seele. Für sie alle gilt die Moral einer Anekdote, die der Azawakh-Freund und Afrika-Reisende Hans Jürgen Strassner überliefert hat. Nach ihr soll der ägyptische Vizekönig Abba Pascha zum Abgesandten des Königs Wilhelm I. von Württemberg, Freiherr von Hügel, 1853 gesagt haben: „Ich bezweifle nicht, daß es Ihnen gelingen wird, sich arabische Pferde zu beschaffen. Glauben Sie deshalb jedoch nicht, nun Araber züchten zu können; denn jeder reinblütige Araber ist so lange reinblütig, wie er die Weite der Wüste einatmet und unter seinen Hufen die Wärme der Wüste fühlt."

Was für Afrikas Wüstenpferde gilt, hat auch seine Gültigkeit für die Hunde dieser Regionen. Auf unserer Marokko-Fahrt sind wir Freunde von Sloughi und Aidi geworden. Und wir zweifeln daran, daß diese Rassen, fern von ihrem Lebensraum, sich selbst treu bleiben könnten. Zwei ihrer größten Fähigkeiten würden sinnlos oder gingen verloren: ihre dem Menschen vorteilhafte Instinktgebundenheit und ihre Anpassung an dessen Bedürfnisse in einer manchmal gnadenlosen Umwelt. Wir hoffen, daß es in Marokko noch lange möglich bleibt – das freie Leben der Menschen und der Hunde.

Die Jagd mit dem Sloughi ist heute in weiten Teilen Marokkos verboten. Ein französischer Experte befürchtete sogar das Ende der Sloughis. Doch seine Prognose hat sich nicht bewahrheitet.

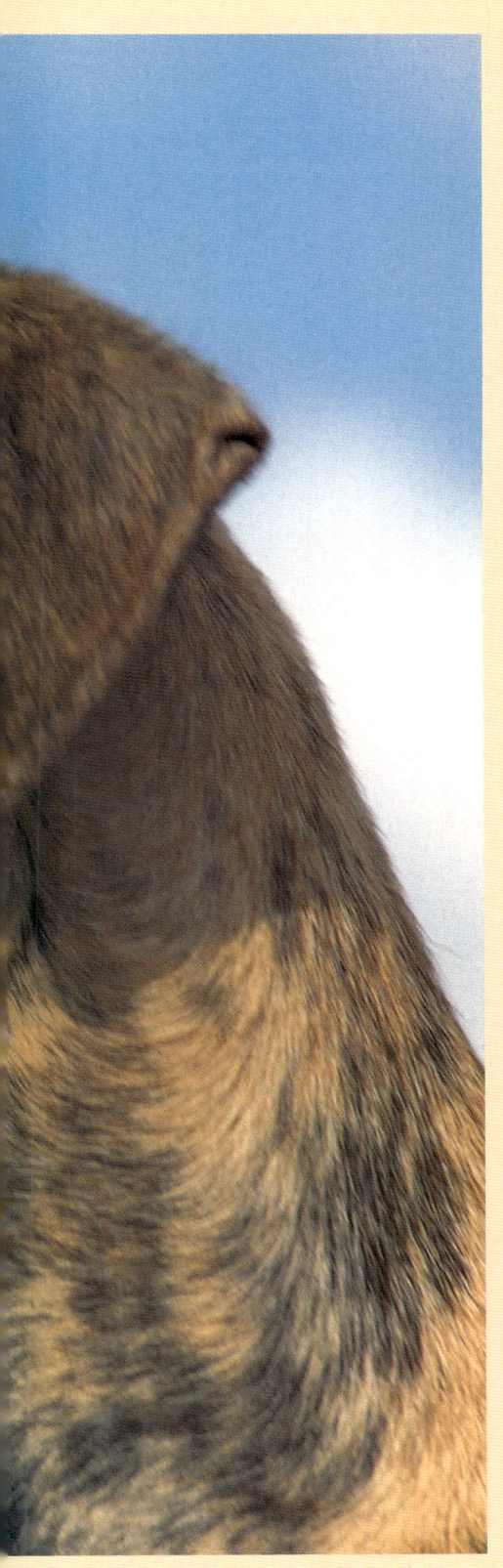

DER SLOUGHI

Die im 19. Jahrhundert beginnende Begeisterung von Europäern für die Windhunde Nordafrikas hat relativ früh zu Zuchtbemühungen auch außerhalb des Maghrebs geführt, wenngleich der für die deutsche Kynologie nicht ganz unbedeutende weltreisende Jäger Max Siber um die Jahrhundertwende Sloughis für „dumme Tiere, ohne Nase, ohne Suche, ohne Anhänglichkeit und ohne Gehorsam" erklärt hatte. Schon im Jahr 1907 kamen die ersten Sloughis nach England, wurden damals rassisch aber noch nicht von ihren Vettern, den Salukis, unterschieden; eine Differenzierung, die auch vielen Arabern fremd ist. Doch der FCI macht einen klaren Unterschied: Salukis tragen immer halblanges bis langes Haar, Sloughis haben grundsätzlich glattes Kurzhaar.

Der Schweizer Kynologe Hans Räber hält auch heute noch die Übergänge zwischen den Hunderassen Arabiens „für durchaus fließend". So gibt es zum Beispiel Zuchtfamilien, in denen neben mäßig befederten Hunden, Tieren mit längeren Haaren also, auch die glatthaarigen vorkommen, die in Europa nach dem Verständnis der FC ausschließlich den Rassenamen Sloughi führen dürfen. Von ihnen abgetrennt wurde auch der Azawakh, der früher als Unterart des Sloughis galt und inzwischen als eigene Rasse geführt wird.

Sloughis sind ausdauernde Langstreckenläufer, im Gegensatz zu Sprintern wie Whippet oder Greyhound. Sie können auf längeren Strecken Geschwindigkeiten zwischen 50 und 55 km/h erreichen. Ihr Fell ist bevorzugt hellrot oder sandfarben. Unerwünscht sind reinweiße oder reinschwarze Hunde. Laut Räber existieren auch heute noch im Maghreb verschiedene Lokalschläge, die von der in Europa und offiziell in Marokko gezüchteten Standardform abweichen.

Kontakt:

Deutscher Sloughi-Club e.V.

Gisela Masurat-Walden

Winterbergstraße 91

32825 Blomberg

Deutscher Windhundzucht- und Rennverband e.V.

Grüne Straße 7

31185 Söhlde

Asal, Susanne und Stadler, Hubert: Patagonien. München, 1993.

Beckmann, Gudrun und Susanne: Vom aufrechten Menschen zum Hundehalter. Gießen, 1994.

Beckmann, Ludwig: Geschichte und Beschreibung der Rassen des Hundes. Braunschweig, 1985.

Beneke, Norbert: Der Mensch und seine Haustiere. Stuttgart, 1994.

Bergler, Reinhold: Mensch und Hund. Köln, 1986.

Brehm, Alfred: Illustriertes Thierleben. Hildburghausen, 1864.

Bueler, Louis E.: Wild Dogs of the World. London, 1974.

Bürger, Manfred: Lexikon der Hundehaltung. Hannover, 1988.

Busconi, Gino und Metzeltin, Silvia: Patagonien. München, 1990.

Cavalli-Sforza, Luca und Francesco: Verschieden und doch gleich. München, 1994.

Cellura, Dominique: Schlittenhunde in Eis und Schnee. München, 1990.

Darwin, Charles: Reise um die Welt 1831-36. Tübingen, 1981.

Deutsches Kartell für Hundewesen (Hg.): Zuchtbuch des Allgemeinen Deutschen Windhundklubs, Band VI, Reprint. Mürlenbach, 1985.

Eibl-Eibesfeld, Irenäus und Sütterlin, Christa: Im Banne der Angst. München/Zürich, 1964.

Eliade, Mircea: Die Schöpfungsmythen. Zürich, 1964.

Enzberg, Eugen von: Fridjof Nansens Erfolge. Stuttgart, o.J.

Erpf, Hans: Das große Buch der Eskimos. Oldenburg, 1977.

Eurasia Media Co. Ltd. (Hg.): Kaleidoscope, 1/Vol, IX. Hongkong, 1984.

Finger, Karl Hermann: Hirten- und Hütehunde. Stuttgart, 1988.

Fox, Michael W.: Behaviour of Wolves, Dogs and Related Canids. Malabar, 1971.

Freeman, Minnie Aodla: Life among the Qallanut. Toronto, 1978.

Galdikas, Biruté M. F.: Reflections of Eden. Boston, 1994.

Göttler, Gerhard: Die Sahara. Köln, 1984.

Grzimek, Bernhard: Grzimeks Enzyklopädie der Säugetiere. München, 1987.

Grzimek, Bernhard: Grzimeks Tierleben. Zürich, 1975.

Hanzelka, Jiri und Zikmund, Miroslav: Tam Za Rekou Je Argentina. Prag, 1956.

Harrer, Heinrich: Rimpotsche von Ladakh. Innsbruck, 1981.

Harrer, Heinrich: Sieben Jahre Tibet. Wien, 1954.

Herre, Wolf und Roehrs, Manfred: Haustiere zoologisch gesehen. Stuttgart, 1973.

Herrmann, Joachim: Die Menschwerdung. Berlin, 1988.

Hildebrand, Hartmut K.: Die Wildbeutergruppen Borneos. München, 1982.

Horender, Manfred: Grönland. Hamm, 1994.

Jacobsohn, Margret: Himba - Nomads of Namibia. Cape Town, 1990.

Klute, Georg: Die schwerste Arbeit der Welt. O.J.

Krings, Thomas: Sahel. Köln, 1982.

Kühl, Christian: Mensch und Hund - Freunde fürs Leben. Genf, 1991.

Leakey, Richard und Lewin, Roger: Der Ursprung des Menschen. Frankfurt, 1993.

Lips, Julius E.: Vom Ursprung der Dinge. Leipzig, 1953.

Loewe, Fritz u.a.: Alfred Wegeners letzte Grönlandfahrt. Leipzig, 1932.

Lopez, Barry Holstun: Of Wolves and Men. New York, 1978.

Lorenz, Konrad: So kam der Mensch auf den Hund. München, 1965.

Mackinnon, John: Borneo. O.J.

Matthiessen, Peter: The Snow Leopard. New York, 1978.

Menzel, Rudolf u. Rudolfine: Paria-Hunde. Wittenberg, 1960.

Müller, Claudius und Rauning, Walter: Der Weg zum Dach der Welt. Innsbruck, o.J.

Myers, Norman: The Sinking Ark. London, 1979.

Nachtigal, Gustav: Tibesti. Tübingen, 1978.

Räber, Hans: Enzyklopädie der Rassehunde. Stuttgart, 1993.

Riddle, Maxwell: The Wild Dogs in Life and Legend. New York, 1979.

Schaller, George B.: Stones of Silence. New York, 1979.

Schritt, Eckhard und Ingeborg: Expertenrat für Hundehalter. Stuttgart, 1991.

Schritt, Eckhard und Ingeborg: Windhunde. Stuttgart, 1986.

Strasser, Hans-Jürgen und Eiles, Elisabeth (Hg.): Der Azawakh-Windhund der Nomaden in Mali. O.J.

Strebel, Richard: Die deutschen Hunde. München, 1905.

Swarovski, Hans-Joachim: Lexikon der Hundehaltung. Viersen, 1995.

Swarovski, Hans-Joachim: Lexikon der Hunderassen. Viersen, 1994.

Trumler, Eberhard: Mensch und Hund. Mürlenbach, 1988.

Trumler, Eberhard: Das Jahr des Hundes. Mürlenbach, 1984.

Trumler, Eberhard: Mit dem Hund auf du. München/Zürich, 1978.

Verraeke-Helf, Sally-Ann: Lhasa Lore. Loveland, 1983.

Warth, Dietlind: Der lange Abschied. Rosenheim, 1987.

Weiglein, Werner und Zahorka, Herwig: Expeditionen durch Indonesien. Frankfurt, 1986.

Wend, Herbert: Ich suchte Adam. Rastatt, o.J.

Weyer, Helfried: Schlittenhunde. Freiburg, 1995.

Willcox, Bonnie and Walkowicz, Chris: The Atlas of Dog Breeds of the World. Neptune City, 1993.

Zimen, Erik: Der Hund. München, 1988.

Zimen, Erik: Der Wolf. Frankfurt, 1980.